미셸 푸코, 말과 사물

지식의 풍경과 언어의 검은 태양

차례
Contents

I. 프롤로그―공간의 사유 3

II. 아리아드네의 실을 찾아서 12

III. 고고학의 탄생과 칸트의 그림자 33

IV. 에피스테메 개념의 공간 59

V. 인문과학의 여백과 출구 86

VI. 문학 언어의 경험과 탈(脫)근대적 사유 103

VII. 에필로그―안티오이디푸스의 초상 131

주 139

참고문헌 147

I. 프롤로그—공간의 사유

미셸 푸코의 『말과 사물』은 1966년 출판되자마자 폭발적인 관심을 불러일으킨다. 이 책으로 푸코는 일약 저명한 지식인의 반열에 오른다. 정작 푸코 자신은 인정하려 들지 않지만 레비스트로스·자크 라캉·롤랑 바르트와 함께 구조주의라는 1960년대 프랑스의 지적 동향을 주도하는 4인방의 한 사람으로 널리 인정받는다. 이러한 선풍적인 관심의 주요한 원인은 반(反)인본주의 논쟁인데, 이는 다가오고 있는 새로운 인식 체계가 자리를 잡게 되면 지식의 영역에서 인간의 형상이 사라질 것이라는 이 책의 결론으로 말미암아 촉발된 것이다.

그러나 『말과 사물』의 인문과학 비판이 그대로 인본주의 비판인 것은 아니다. 물론 푸코가 지식의 영역에서 인간을 배제하고 언어를 내세우고자 한 것은 명백한 사실이다. 그렇지만 인간다운 삶과 지식인의 역할에 관한 푸코의 성찰은 그가 생애의 막바지에 칸트의 「계몽이란 무엇인가?」를 검토하고 있는 글 두 편(둘 다 제목이 「계몽이란 무엇인가?」이다)에서까지 줄곧 이어지고 있다. 따라서 그를 반인본주의자로 몰아세울 수는 없다.

이러한 폭넓은 반향의 여파로 인해 『말과 사물』의 이해는 피상적인 차원에 머물러버린 측면이 없지 않다. 더군다나 『말과 사물』의 이해를 통해 푸코의 사상 또는 사유 방식에 대한 더 진전된 통찰로 이르려는 노력은 찾아보기 어려운 실정이다. 『말과 사물』은 그저 지식의 역사가 세 가지 시대로 구분된다고 주장하는 책으로 여겨지고 있을 따름인 것 같다.

그러나 르네상스와 16세기·고전주의·근대의 각 인식 체계를 파악했다는 것만으로는 『말과 사물』을 제대로 이해했다고 말할 수 없다. 물론 현시대의 인식 체계가 아주 서서히 바뀌고 있는 것은 사실일 것이고 이를 예견하는 것은 대단히 의미 있는 일이 될 것이다. 그렇지만 현재 다가오고 있는 어떤 미지의 인식 체계에 대한 예견은 거의 불가능에 가깝다. 인간이 사라지리라는 푸코의 약간 선동적인 예견도 그저 무언가 새로운 것이 도래하리라고 말하고 있는 것일 뿐이다. 따라서 『말과 사물』에 관한 참된 이해를 위해서는 인간의 죽음이라는 약간 선동적인 예견에 현혹되지 않아야 할 필요가 있다.

그렇다면 무엇이 진정한 이해일까? 당연한 말이지만 전체 집합의 이해를 위한 단서를 부분 집합에서 발견했을 때에야 비로소 부분 집합을 온전히 이해했다고 평가할 수 있다. 어떤 대상의 온전한 이해는 그것의 바깥에 이를테면 아르키메데스의 점(받침점)을 설정하는 것이다. 이것이야말로 하나의 부분 집합을 이해할 수 있는 유일한 방법이자 이 대상을 포함하는 더 큰 집합에 대한 이해의 문을 여는 열쇠가 된다. 이 점 또는 열쇠를 구성하는 요소들은 이 또한 당연한 말이지만 부분 집합에서만 끌어낼 수 있고 거기에서 끌어내야 한다. 그래야만 부분 집합을 이해하고 더 나아가 전체 집합의 이해에 이를 수 있다.

그런데 『말과 사물』의 경우에서 아르키메데스의 점은 고고학·에피스테메·언어라는 세 가지 개념으로 구성된다. 이것들은 『말과 사물』을 떠받치는 세 기둥과도 같은 것으로서 『말과 사물』의 이해를 위해서는 반드시 재검토해야 할 요소다.

우선 고고학은 『말과 사물』뿐만 아니라 전반기 푸코의 저서들 전체에 적용된 방법론이자 전반기 푸코의 연구영역 자체다. 그러므로 이 개념의 유래를 파고들 필요가 있다. 이 작업은 『말과 사물』 내부의 한 점으로부터 『말과 사물』 외부의 한 점으로 점선을 긋는 것이기도 하다.

다음으로 『말과 사물』에서 푸코가 만들어 제시하고 있는 '에피스테메'는 『말과 사물』의 중심 내용을 집약하고 있는 개념이다. 사실 『말과 사물』은 곧 시대별 에피스테메에 관한 설명이라고 말할 수 있다. 그래서인지 이 개념에 관해서는 시대별 내용만 이야기될 뿐이지 정작 구체적으로 새롭게 규정하려는 시도가 이루어지지 않고 있다. 그러므로 에피스테메란 과연 무엇인가라는 문제로 관심을 돌릴 필요가 있다. 이 개념의 정체를 파악하는 것 또한 『말과 사물』 내부의 또 다른 점을 『말과 사물』 외부의 점으로 투영하는 작업이다. 그런데 이 외부의 점은 앞에서 말한 외부의 점과 동일한 지점이다.

끝으로 이 외부의 지점에 또 하나의 주요한 내부 요소인 언어가 투영된다. 인간과 언어의 대립은 『말과 사물』의 중심 축이다. 『말과 사물』 전체가 이 대립의 변주처럼 보일 정도다. 그러므로 이때의 언어란 무엇인가를 탐구하는 것은 『말과 사물』의 이해에 필수적인 과정이다. 이 또한 『말과 사물』 바깥의 이른바 아르키메데스의 점으로 이어진다.

이처럼 『말과 사물』을 들어 올릴 거점은 고고학·에피스테메·언어의 세 가지 차원을 내부적으로 깊이 탐사해 들어가는 활동 자체에 의해 『말과 사물』의 외부에 세 선분의 합류점으로 확정된다. 이 합류점에는 칸트·플라톤·레몽 루셀의 모습이 어른거린다. 바꿔 말하자면 칸트·플라톤·루셀의 어떤 요소가 고고학·에피스테메·언어에 관한 푸코의 사유에 결정적인 영향을 끼쳤거나 적어도 참조 사항으로 구실했다고 여겨진다. 이것이 우리의 기본적인 가설이다.

만약 이 가설을 설득력 있게 입증한다면 칸트·플라톤·루셀의 어떤 요소가 정확히 무엇인지를 분명히 밝힐 수 있을 것이고 아울러 그것들이 가리키는 푸코의 사유 방식을 명확히 알아볼 수 있을 것이다. 그렇게 되면 그것들은 『말과 사물』은 물론이고 푸코의 저서들 전체에 대한 이해의 문을 열수 있게 해줄 세 가지 열쇠로 간주해도 무리가 없을 것이다.

이처럼 『말과 사물』을 내부로부터 외부에 투영된 아르키메데스의 점에 입각하여 이해하는 것은 반대 방향으로 푸코의 사유를 전체적으로 파악하는 첩경이 된다. 다시 말하자면 『말과 사물』의 방대한 내용 배후에 놓여 있는 푸코의 기본적인 사유를 구체화하는 것은 푸코 이해에도 결정적인 요소로 작용할 것이 분명하다. 그것은 이도 역시 하나의 가설에 지나지 않지만 공간의 사유라고 추정할 수 있다. 여기에서 공간의 사유는 공간에 관한 사유가 아니다. 공간에 관한 사유도 공간이 사유보다 선행한다는 점을 함축한다. 그렇지만 거기에서는 사유가 공간을 통제한다는 관념이 전제되어 있다. 이와 반대로 공간의 사유는 공간이 사전에 사유를 결정하고 통제한다는 것을 전제한다. 공간의 사유라는 말에는 사유에 대한 공간의 선재성이라는 관념뿐만 아니라 공간이 사유를 낳는다는 관념이 내포되어 있다.

사유가 공간에 의해 결정되고 산출된다는 생각의 연원은 다른 누구보다도 칸트에게서 찾아볼 수 있다. 칸트 철학에서 인간의 인식을 낳는 감성과 지성은 외부의 지각정보를 거르는 일종의 여과 공간이다. 지각정보는 이 공간을 통과한 후에야 비로소 지식이 된다. 그런데 푸코의 고고학은 이 공간을 인간의 바깥으로 옮겨놓는다. 그에게서는 담론의 공간이 사유와 지식을 산출한다. 특정한 시대마다 지식을 결정하고 산출하는 에피스테메 개념은 바로 담론의 공간을 가리킨다. 이 개념 역시 하나의 공간인 것이다. 에피스테메는 지식이 생겨나는 공간, 지식의 모태다. 이 점에서 에피스테메는 플라톤이 『티마이오스』에서 만물이 생성하는 장소로 내세운 '코라'와 관련지을 수 있는 개념이다.

여기에서 한걸음 더 나아가면 사유를 낳는 공간은 바로 언어라는 직관에 다다른다. 왜냐하면 무릇 사유는 언어로 하는 것이기 때문이다. 극단적으로는 언어가 사유한다고까지 말할 수 있다. 푸코에 따르면 이를 분명하게 예시하고 있는 것이 루셀의 소설이다. 그의 소설 작법 자체가 언어의 자율성에 토대를 두고 있기 때문이다. 루셀의 작품들은 작가가 아니라 언어가 쓴다는 인상을 준다. 루셀에게서 언어는 사유 생성의 공간으로 드러난다.[1]

칸트의 이성, 플라톤의 코라, 루셀의 언어는 모두 특이한 공간이다. 이것들이 『말과 사물』의 온전한 이해를 위한 아르키메데스의 점을 형성한다. 푸코의 고고학·에피스테메·언어라는 세 가지 요소의 이 외부 투사점은 푸코가 공간에 입각하여 사유한다는 것을 일러준다. 게다가 공간의 사유는 푸코에 대한 전반적인 이해의 열쇠인 것으로 보인다.[2] 우리는 이러한 착상을 확고한 방법론으로 내세우고자 한다. 본론을 구성하는 다섯 부분 중에서 세 부분은 이러한 목적과 직접적으로 관련된다.

그렇지만 이와 같은 목적에 이르기는 생각만큼 수월하지 않았다. 착상하기만 해도 제법 오랜 암중모색의 단계가 필요했다. 이 예비 단계가 바로 '아리아드네의 실을 찾아서'다. 거기에서는 미궁 안으로 들어가 미노타우로스를 찾는 행로 자체의 기록이 바로 아리아드네의 실이라는 직관을 중심으로 논의가 전개된다. 그리고 '인문과학의 고고학'은 『말과 사물』의 부제라는 점에서 인문과학에 관한 논의는 건너뛸 수 없다. 이것이 본론의 나머지 한 부분을 차지한다.

요즈음은 예술과 과학 등 온갖 영역에 관한 의견이나 생각에 '인문학'이라는 말을 붙이는 경향이 있다. 그러므로 인문학이라고들 하는 인문과학은 자율적인 실증 영역이 없는 학문이다. 언제나 다른 영역에 기대어 성립한다. 인문과학의 존립 근거는 재현이다. 어쩌면 인문과학은 이미 산출된 것의 쓸데없는 언어적 반복에 지나지 않을지도 모른다. 온갖 영역에서 이미 만들어진 것을 말로 재현하는 것이기 때문이다.

그렇다면 인문과학의 본령(本領)은 무엇일까? 이렇게 재현된 것을 조합하여 '새로운' 사유를 생산하는 것이다. 사유의 생산은 개념의 창출로 증명된다.[3] 새롭게 제시된 개념에는 이론이 압축되어 있다. 이와 같은 생각이 푸코의 '인문과학의 고고학'을 뒷받침하는 것으로 보인다.

따라서 인문과학에서는 설득력이 관건이다. 설득력은 이론이 이론으로 남아 있지 않고 상식으로 합류해 들어올 때 생긴다. 이론은 상식에 충격을 가해 변화를 추동하지만 결국은 상식이 되어야 널리 받아들여진다. 어려운 것으로 남아 있는 한 외면당한다. 그렇지만 이해하기 쉬운 상식이 되어버리면 이론으로서의 긴장감이 떨어진다. 그래서 이론과 상식의 균형점을 찾아 거기에 자리하는 것이 필요해 보인다.

상식에 충격을 주면서도 상식에 어긋나지 않는 사유의 생산은 지극히 드물고 어려운 일이다. 무엇보다도 둘 사이의 분리가 유지되어야 하는데, 대체로 치열하게 사유하지 않은 채 상식에 안주하는 경향이 엿보인다. 괴롭지만 사유의 실험을 극한까지 밀고 나가고 이렇게 해서 도달한 '다른 사유'의 공간을 특별한 것으로 생각하지 않고 공동의 장소인 상식에 포함되도록 하는 양방향의 노력만이 인문학의 위기를 돌파할 수 있는 유일한 길이 아닐까 생각해본다. 이 균형점에서야 비로소 푸코의 이른바 '다르게 사유하기'가 실감 나게 다가올 것이다.

II. 아리아드네의 실을 찾아서

　미셸 푸코의 책들은 제목이 흥미롭다. 실제로 『광기의 역사』 『임상의학의 탄생』 『말과 사물』 『지식의 고고학』 『감시와 처벌』 그리고 '성의 역사'를 구성하는 세 권의 책, 제1권 『지식의 의지』 제2권 『쾌락의 활용』 제3권 『자기 배려』 등의 책 이름은 오늘날에도 여전히 제기되고 있는 문제들과 관련이 있는 듯이 보인다.

　가령 『광기의 역사』에서는 근대적 정신병원의 탄생까지 역사를 꼼꼼하게 추적하고 있는데, 광기와 정신병원의 문제는 오늘날 더욱 첨예해지고 있는 듯하다. 특히 가족 구성원을 가족의 동의 아래 정신병원에 강제로 입원시키는 행태는 생각보다 훨씬 더 빈번하게 벌어지고 있을지 모른다. 또한 오늘날에는 감시가 갈수록 광범위하게 행해지고 있다. 더군 다나 이것이 합법적인 범죄 예방의 명목으로 정당하게 이루 어진다. 또한 상대방의 영상을 몰래 찍어두는 일도 빈번하게 일어나는 것 같다.

그리고 '성의 역사' 제1권 『지식의 의지』에서 논의되는 이른바 '생명-권력'[1]의 대두는 오늘날 고령화와 출산율 저하가 심각한 정치-사회 문제로 드러나고 있는 현실과 밀접한 관계가 있다. 이 권력은 오늘날에 와서야 사실상 푸코에 힘입어 정체가 드러나고 있다.

그렇지만 이는 사실 오래전에 왕정이 무너지고 탄생한 근대적 권력이다. 근대의 권력은 삶 또는 생명에 기반을 두고 행사된다. 특히 자유주의와 함께 탄생한 근대적 국가 권력은 민주주의 권력이건 독재 권력이건 잘살게 해주겠다는 약속으로 개인들을 통제하고 관리한다.

푸코의 저서들이 이와 같은 현시대의 사회-정치 현상과 밀접하게 관련되어 있다는 것은 책의 내용을 살펴볼 때 훨씬 더 분명히 드러난다. 그의 저서들을 읽어나가다 보면 광기와 정신병원, 육체와 의학 그리고 성생활·지식·권력 등의 문제가 오늘날의 현실과 중첩되어 다가온다. 달리 말하자면 그의 저서에는 현재성 또는 시사성이 진하게 내포되어 있다.

그러므로 푸코의 저서에 대한 관심이 지금도 여전히 지속되고 있는 것이다.

그렇지만 푸코의 저서들이 모든 이에게 자기 자신과 현시대 상황을 명확하게 알아차리게 해주는 확대경으로 구실하는 것은 아니다. 그의 저서는 일단 읽어내기가 어려운 데다가 온갖 역경을 무릅쓰고 완독했다 하더라도 과거의 시대를 넘어 독자 자신과 현시대의 문제로 연결하기가 쉽지 않다. 푸코의 저서-확대경들을 통해 독자 자신이 속한 현시대의 상황을 들여다볼 수 있게 되려면 길잡이가 필요하다. 물론 세 시기[2]로 나눠볼 수 있는 그의 지적 행로를 종합할 단일한 관점이 필요하긴 하지만 현재로서는 저서별 이해의 실마리가 우선하여 요구되고 있다. 실제로 그의 각 저서는 복잡하기가 미궁과도 같아서 이해 자체가 쉽지 않다.

그리스 신화에서 미궁은 테세우스와 관련되어 있다. 테세우스는 아테네의 왕자다. 왕이 되려면 으레 그렇듯이 극복이 불가능해 보이는 시련을 통과해야 한다. 그에게는 크레타섬의 미궁 안으로 들어가 미노타우로스[3]를 죽이는 것이 과제로 주어진다. 아테네는 일정한 주기로 젊은이 일곱 명을 미노타우로스에게 바쳐야 했고 이 조공의 관행을 끝장낼 것이 테세우스에게 요구된 것이다.

미궁은 일단 들어서면 빠져나오기 어려운 공간이다. 그렇다고 출구가 없지는 않다. 신화에서는 입구가 바로 출구다. 테세우스는 아리아드네4의 실을 입구에 매어놓고 실타래를 풀면서 미궁의 중심부를 찾아 나선다. 이 아리아드네의 실이 그의 미궁 탈출에 결정적인 도움을 준다. 이 붉은 실5 덕분으로 테세우스는 무사히 임무를 완수하고 아테네로 돌아갈 수 있게 된다.

그렇지만『말과 사물』이라는 미궁은 사정이 다르다. 아리아드네의 실 또는 해석의 열쇠는 누군가가 주는 것이 아니라 이 저서-미궁 자체에 감춰져 있는 것이다. 그렇기 때문에 여러 차례의 면밀한 독서가 필요하다.

얼른 보기에 푸코는 역사 연구를 하는 것 같다. 광기의 역

〈그림 1〉 그리스 신화의 미궁. 아리아드네의 실을 풀면서
미노타우로스를 죽이러 가는 테세우스

사, 감옥의 역사, 성의 역사를 이야기한다. 여러 주제의 역사적 변천을 서술한다. 언제나 과거의 사료를 광범위하게 탐색하고 선택한다. 시대 구분에 따른 전반적인 개요나 테두리가 정해지면 그것에 맞춰 또다시 자료를 뒤지고 모아 글을 쓰는 방식으로 작업한다.

시대 구분도 이미 정해져 있다. 르네상스 시대, 고전주의 시대, 근대로 나누어 역사를 서술한다. 르네상스 시대에서 바로 근대로 넘어가는 것이 아니라 르네상스 시대와 근대 사이의 17~18세기에 고전주의 시대를 놓고 18세기 말과 19세기 초를 근대의 시작점으로 본다. 17세기를 근대의 시작으로 간주하는 견해와는 다르다. 그렇지만 프랑스에서는 이것이 아주 일반적인 시대구분이다. 만약 그의 저서들이 이러한 역사 서술의 성격만을 지니고 있다면 전복성의 근거는 어디에서도 찾아볼 수 없을 듯하다. 작업 방식에서도 시대구분에서도 특이점이 엿보이지 않는다. 그런데도 푸코의 사유 또는 사유 방식은 전복적이라고들 말한다. 이 평판은 무엇에 기인하는가? 이러한 전복성의 근거는 무엇일까?

우선 그의 주요한 관심사는 과거가 아니라 현재다. 그는 과거의 역사가 아니라 현재의 역사를 쓰고자 한다. 물론 내용은 과거의 주요한 사건에 관한 것이다. 그렇지만 겉보기와는 달리 현재 상황과 불가분의 관계를 맺고 있다. 현재는 우리가 속해 있는 시대다. 여러 흐름이 현재의 공간 안으로 흘러들어 일종의 소용돌이를 형성하고 있다. 누구나 이 소용돌이에 휩쓸려 살아간다. 현재의 소용돌이는 우리 자신이 속해 있는 상황이기 때문에 이를 살펴보기 위해서는 거리를 두어야 한다.

푸코는 과거의 사건을 조사하는 활동을 통해 간접적으로 현재를 관찰한다. 언제나 현재의 시점에서 관찰하고 현재의 소용돌이와 긴밀하게 관련된 과거의 사건을 통해 현재를 진단한다. 예컨대 『말과 사물』에서 그가 과거의 인식방법을 도출하고 설명하는 것은 현재의 인문과학을 면밀하게 살펴보고 새로운 인문과학의 길을 모색하려는 의도에서다. 푸코는 애초부터 과거의 역사가 아니라 현재의 소용돌이에 관심을 집중하고 다가오는 새로운 경향을 적극적으로 맞이하여 현실의 변화를 앞당기려 한다. 그의 사유 방식이 갖는 전복적 성격은 바로 여기에 있다.

이처럼 푸코에게 전복성은 현재성과 밀접한 관계가 있다. 과거의 어느 시기 어느 주제가 푸코에게 탐구의 대상으로 떠오른 것은 그의 동시대인들이 처해 있는 현재 상황과 앞으로의 변화를 이해하기 위해서다. 대개 현재 상황은 누구에게나 숨이 막힐 정도로 답답한 것이기 십상이다. 돌파구 또는 출구를 찾아내기가 어렵다. 푸코가 오늘날에도 여전히 주목을 받는 것이 사실이라면 이는 그의 주 관심사가 현재 상황과 다가올 변화이기 때문이다. 전자는 비판적으로 접근하고 후자는 적극적으로 불러들이는 그의 역사 연구는 궁극적으로 '현재의 역사'다. 과거의 사건에 대한 그의 분석과 해석은 현재의 소용돌이를 관찰하기 위한 확대경이자 현재 상황에 돌파구를 뚫기 위한 거점이 된다.

일반적으로 현재는 과거의 소산이다. 그렇지만 과거만 들여다본다고 해서 현재를 알 수 있는 것은 아니다. 과거를 살펴보는 것도 현재의 관점에서지 과거 자체의 관점에서가 아니다. 현재의 관점이란 무엇인가? 현재의 관점에는 현재를 변화시키고자 하는 의도가 내포되어 있다. 변화의 의도 자체가 현재의 관점을 결정한다. 물론 현재의 계속성을 겨냥하는 관점도 있다. 변화의 추구에 기득권의 영속화 내지는 현재 상황의 고착화가 감춰져 있을 수도 있다. 그래도 역시 미래에 대한 고려가 현재의 관점을 낳는다는 것을 부인할 수는 없다.

요컨대 현재는 과거와 미래의 경계선이다. 현재를 배에 비유하자면 이 배는 양쪽에서 밀려오는 과거와 미래의 바람에 의해 진로가 정해진다. 우리가 과거 또는 미래라고 하는 것은 고정된 것이 아니라 유동적인 것이다. 현재를 만난 후에 비로소 모습을 드러낸다. 현재의 관점에서 보는 과거와 또 현재의 관점에서 보는 미래가 현재에서 만나야 예측 가능한 미래의 현실이 펼쳐지는 것이다.

현재를 과거와 미래의 경계선이나 경계면으로 본다면 이때 과거와 미래는 안과 밖이라고 말할 수 있다. 현재의 공간은 안과 밖의 경계다. 이를테면 운하의 수문과 같은 장소다. 수문을 열면 양쪽의 물이 서로 섞인다. 물고기도 미생물도 마구잡이로 섞인다. 이러한 경계의 공간에서 안과 밖은 서로 뒤섞이고자 하는 자연스러운 성향을 갖는다. 이 점에서 현재는 수시로 소용돌이치는 공간이다.

역사에는 크게 주목받는 소용돌이가 있다. 예컨대 대항해와 신대륙 발견, 프랑스 대혁명 같은 사건이 있다. 이것들은 역사의 단절면이다. 이것들에 의해 시대가 구분된다. 푸코에게 가장 중요한 관찰 대상은 과거에서 확인할 수 있는 이러한 소용돌이-단절면이다. 그러나 일반적인 역사, 과학사나 사상사의 단절면이 결코 아니다. 이것들에는 단절이나 불연속이 부각되지 않는다. 푸코는 단절과 불연속에 중점을 두고 역사를 고찰한다.

그의 역사는 어떤 특정한 주제의 역사다. 가령 광기·감옥·성의 역사다. 이것들의 배후에서 푸코는 새롭게 출현한 사유 방식·인식방법·지식·권력을 파악하고자 한다. 이러한 파악을 위한 과거 사건의 검토는 지금 여기에서의 소용돌이-단절면을 이해하기 위해서이다. 그가 가장 알고 싶어하는 것은 지금 무슨 일이 일어나고 있는가다. 이것이 그의 기본적인 문제의식이다. 이 문제의식에 근거하여 그는 역사의 단절 지점들, 즉 과거의 소용돌이들을 관찰하고 분석하면서 점진적으로 현재 상황에 접근한다.

달리 말하자면 현재는 자기 자신과 같다. 개인이 자기 자신과의 직접 대면에서 자기도취나 자기비하에 떨어질 수 있는 것과 마찬가지로 연구자 자신이 속해 있는 현재에 대한 직접적인 접근도 건전한 비판이 아니라 과찬이나 폄하, 맹목적인 순응이나 무조건적인 비판으로 귀결되기가 쉽다. 이를 피하기 위해서는 과거를 통한 간접적인 접근이 요구된다. 특히 과거의 역사에 나타난 단절에 대한 검토를 거치는 것이 유익하다. 이처럼 과거라는 우회로를 거쳐 현재로 접근하는 것이 푸코의 기본적인 작업 방식이다.

그렇다고 해도 푸코의 사유 방식이 전복적이라는 점을 온전히 수긍하기는 어렵다. 어떻게 보면 너무나 일반적이고 심지어는 진부하다고까지 말할 수 있는 방식이 아닌가? 더군다나 그의 사유 방식에 의해 사회에 무슨 큰 변화가 일어나는 것도 아니다. 전복적 사유는 기껏해야 말기의 푸코가『쾌락의 활용』에서 역설하는 '다르게 사유하기'에 지나지 않는다. 푸코의 이 조언을 전적으로 수긍하고 실천한다고 해서 무엇이 달라지겠는가?

가능한 변화는 특정 분야에서만 일어날 수 있을 뿐이다. 그것도 다른 사유 방식을 실천하는 사람들이 함께 존재할 때라야 비로소 가능하다. 누군가의 사유 방식이 전복적이라고 해도 이는 소수일지언정 여러 사람으로 구성된 집단의 성향이지 한 사람만의 것은 결코 아니다. 전복이 일어나기 위해서는 다른 이들의 동조 또는 공조가 필수적이다. 그러니까 푸코 한 사람의 '다르게 생각하기'가 아니라 다른 사람들의 '다르게 생각하기'가 모여 하나의 새로운 흐름이, 그것도 특정 분야에서만 형성됨으로써 전복적 사유로 여겨지게 되는 것이다.

이 집단은 다수가 아니라 소수일 수밖에 없다. 다수라면 주류로 자리할 것이고 주류가 주류를 전복한다는 것은 모순이기 때문이다. 물론 거기에서 전복성이 싹틀 수도 있다. 거기에서 갈라져 나온 소수가 다르게 사유하기 시작할 때 전복적인 사유의 흐름이 형성될 수 있다. 그러므로 단순히 다르게 사유한다는 것만으로는 전복성이 형성될 수 없다. 여기에 집단성이 덧붙여져야 한다. 더 정확히 말하자면 전통으로부터의 급격한 단절에 소수의 점차적인 동조가 더해져야 그 것을 전복적 사유라고 할 수 있다. 전복적 사유는 다르게 생각하기의 실천임과 동시에 사후의 강력한 동조를 끌어들이는 힘이다.

사유 방식의 역사에서 새로운 흐름의 시발점이 된 이들은 모두 전복적 사유의 구현자다. 근대철학에서 인간을 사유 주체로 확립한 데카르트, 인간이 인식의 대상 겸 주체가 되는 흐름의 시발점이 된 칸트를 전복적 사유의 전형적인 구현자로 들 수 있다. 근대철학 밖으로 확대할 때는 천동설에 맞서 지동설을 주장한 코페르니쿠스·갈릴레오, 창조론에 맞서 진화론을 내세운 다윈, 자본주의에 공산주의를 맞세운 마르크스, 인간을 극복의 대상으로 간주하여 주체의 지위에서 끌어내리고자 한 니체, 의식의 지배에 대항하여 무의식을 내세운 프로이트 등을 예로 들 수 있을 것이다.

철학자나 사상가 또는 학자라면 누구를 막론하고 사유 방식의 혁신이 이루어진 어떤 시기를 대표하거나 그 시기의 전형으로 받아들여진 인물이 되고자 하지 않는 이는 없을 것이다. 그러나 결코 아무나 그런 인물이 되지는 않는다. 푸코도 역시 역사상 신기원을 연 인물처럼 되고 싶어 했을 것이다. 그는 니체를 원용하고 칸트와 정면으로 맞서고 구조주의의 흐름에 일정 부분 편승하고 마르크스와 프로이트의 한계를 지적한다. 자신의 지적 역량만으로 전통과 대결하여 새로운 흐름을 만들어낸 인물들에 대해 치열한 대결 의식을 내보였다는 점 자체가 푸코 역시 이들과 닮았다는 간접적인 증거다. 나중에 푸코도 이들만큼 명성을 누릴까? 이들 사이에 푸코도 낄 수 있을까? 이것은 그의 사유 방식이 갖는 현재적 의미·전복적 성격·소수 집단의 동조가 얼마나 오랫동안 유지되느냐에 달려 있을 것이다.

『말과 사물』은 명백히 현재성과 전복성이 있다. 그렇지만 집단성의 유무는 장담할 수 없다. 우선 두껍기도 하거니와 르네상스 시대부터 고전주의 시대와 근대를 거쳐 오늘날까지 시대별로 상이한 인식방법을 도출하여 제시하고 있어서 복잡하고 이해하기가 쉽지 않으며 소수 집단의 동의를 얻기도 자못 불확실하다. 설령 네 시대의 인식방법이 구체적으로 어떻다는 것을 파악해도 『말과 사물』이 온전히 이해되지는 않는다. 이 책에서는 시대별로 인식 체계가 서서히 변화한 과정이 매우 복잡하고 무척 세밀하게 고찰되고 있는 만큼 이 변화 과정을 제대로 파악하기도 어렵거니와 파악했다 해도 푸코의 견해를 그대로 인정할 것인가 하는 문제가 남는다.

따라서 오늘날에는 푸코에 대한 연구자들도 이 책에 대한 언급을 주저하는 경향이 있다. 게다가 이전 시대의 인식 체계라고 해서 오늘날 완전히 사라진 것도 아니다. 현재는 새로운 인식방법이 다가오고 있을 뿐만 아니라 지난 수세기 동안의 인식방법이 쌓여 있기도 하다. 그러므로 현재의 인식방법은 무엇이냐 하는 문제에 봉착하면 대답이 궁해진다. 푸코도 역시 분명한 대답을 제시하지 못한 듯하다. 이러한 몇 가지 이유로 말미암아 『말과 사물』은 출구를 찾지 못하고 헤매게 될지 모르는 위험한 미궁으로 다가온다.

크레타섬의 미궁에는 미노스 왕의 아내 파시파에와 포세이돈의 아름다운 황소 사이에서 태어난 괴물 미노타우로스가 숨겨져 있다. 아리아드네의 실을 입구에 묶어놓고 미궁의 중심으로 들어가서 미노타우로스를 찾아내 죽이고 무사히 미궁 밖으로 나오는 테세우스의 모험은 언뜻 보기에도 진리 탐구의 은유로 간주할 만하다. 진리는 감춰져 있는 것으로서 발견될 경우 소동이나 혼란을 불러들일 수 있다. 그런 만큼 미노타우로스와도 같은 것이라고 볼 수 있다. 그러나 이러한 미노타우로스를 죽이는 것은 어쩌면 진리의 은폐일지 모른다. 따라서 테세우스는 철학자의 표상이 될 수 없다. 푸코는 사유의 모험을 극한까지 밀고 나간다는 점에서 테세우스 유형의 인물이 아니다.

소포클레스의 비극 『오이디푸스 왕』의 주인공 오이디푸스는 스핑크스가 낸 수수께끼의 존재가 인간임을 밝힌다. 이에 스핑크스는 자살한다. 괴물과 대결하여 괴물을 물리치는 셈이다. 그렇지만 이는 전통적인 방식의 대결이나 승리가 아니다. 그는 오직 자기 자신의 지적 능력만으로 괴물을 퇴치

〈그림 2〉 오이디푸스와 스핑크스의 대결
육체적 힘의 충돌이 아니라 일종의 머리싸움이다.

하고 테베의 왕이 된다. 수수께끼의 풀이는 지적 활동의 환유다. 체력이 아니라 지력이 발휘된다. 이 점에서 오이디푸스는 생각하는 인간의 원형이다. 그러므로 철학자의 표상으로 삼을 만하다.

물론 부친 살해와 근친상간은 이 표상의 부정적인 측면이다. 그렇지만 역설적으로 오이디푸스에 의한 전통 전복의 강력함을 부각시킨다. 게다가 그는 라이오스 왕을 죽인 범인을 찾는 과정에서 자신이 범인일 수 있다는 불길한 생각과 주변의 만류에도 불구하고 끝까지 진실을 알고자 한다. '진실에의 용기'를 극한까지 밀고 나간다. 그리고 진실이 밝혀지자 자신의 두 눈을 찌르고 테베를 떠난다. 고대 그리스 시대에는 지적 역량의 발휘가 신에 대한 인간의 도전과 오만으로 여겨진 탓이다.

이와 반대로 근대에는 데카르트·헤겔·니체·프로이트 등 진실에 대한 용기를 최대한으로 내보인 인물이 위대한 사상가로 추앙받는다.[6] 오늘날까지도 이들은 지식의 지형에서 중요한 지점을 차지하고 있다. 이들 중에서 데카르트와 칸트는 인간을 사유의 주체와 인식의 주체로 우뚝 세움으로써 지식의 영역에서 인간주의를 정초(定礎)한다. 인간주의의 경향은 오늘날까지도 지속하고 있다.

그만큼 데카르트와 칸트의 그림자는 근대적 지식에 짙은 그림자를 드리우고 있다. 그렇기 때문인지 몰라도 푸코는 『광기의 역사』에서 데카르트를, 『말과 사물』에서 칸트를 집요하게 비판한다. 이는 인간이 아니라 언어를 내세우는 푸코의 입장이 인간을 중심에 두고 사유하는 이들의 입장과 대립하기 때문이다.

그렇지만 푸코는 이들과 대결을 펼치면서 이들과 동일한 위상으로 올라선다. 입장의 차이에 위상의 동일성이 맞물린다. 그런데 이들 모두의 배후에는 오이디푸스 형상이 어른거린다. 오이디푸스가 데카르트·칸트·푸코를 아우르는 신화적 인물로 떠오른다.

푸코는 테세우스가 아니라 오이디푸스의 모습을 띠고서 어떤 주제의 미궁 속으로 미노타우로스를 찾아 들어간다. 그렇지만 미노타우로스를 죽이지 않는다. 미노타우로스와 함께 밖으로 나온다. 어쩌면 미노타우로스를 구출하는 셈이다. 그에게 아리아드네의 실은 다른 이로부터 받은 것이 아니다. 미궁을 탐색하고 미노타우로스를 발견하는 과정 자체와 일체를 이룬다.

푸코는 미궁 자체를 자신의 저서로 구현해낸다. 미노타우로스가 감춰져 있는 미궁 전체가 저서로 변용된다. 그의 저서는 미궁의 뒤집힌 형상, 안팎이 바뀐 미궁이다. 그러므로 푸코의 글쓰기 또는 저서 출간은 바로 미궁 밖으로 나오는 유일한 방법이다. 글쓰기 자체가 아리아드네의 실을 잣는 행위다. 글이 바로 아리아드네의 실이다. 글을 따라 미노타우로스가 바깥으로 드러난다.

『말과 사물』의 이해를 위한 길잡이도 역시 이와 동일한 방식으로 마련될 수 있을 것이다. 이 책의 중심부에는 에피스테메라는 개념이 마치 미노타우로스처럼 놓여 있다. 이 중심부로 들어가서 에피스테메 개념에 이르고 이 개념을 드러내는 것이 우리의 과제다. 우리에게도 글쓰기 자체가 결과적으로 안과 밖의 뒤집기일 것이다. 우리의 글쓰기에 의해 이 개념의 공간이 밖으로 들날 것이다. 『말과 사물』을 미궁으로

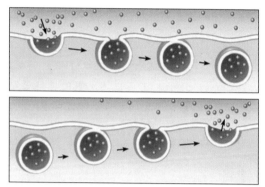

〈그림 3〉 엔도시토시스(위, 내포작용)·엑소시토시스(아래, 외포작용). 세포막이 안으로나 밖으로 접히면서 공포(空胞)가 생기며 물질이 나가고 들어온다.

간주하고 이 책에 관해 글을 쓰는 것도 마치 옷을 입고 뒤집 어 벗듯이 미궁의 안과 밖을 뒤집히게 하는 과정이다. 그러 면 미궁의 안은 이미 바깥에 있는 것이 된다.

미궁의 중심부는 안과 밖이 뒤바뀌는 경계면이다. 안이 밖으로 접히고 밖이 안으로 접히는 주름이다. 거기에서는 안 이 밖으로 나오고 밖이 안으로 들어간다. 가장 안쪽이 가장 바깥쪽으로 변한다. 이러한 공간을 무엇이라 할 수 있을까? 생물학에서는 이러한 공간이 이미 잘 알려져 있다. 세포막 이 바로 이러한 공간이다. 세포 안에서 생기는 폐기물이 세 포 밖으로 나가고 세포에 필요한 물질이 세포 밖에서 안으 로 들어오는 것은 세포막에 생기는 빈 주머니에 의해서이다.

세포막이 안으로나 밖으로 접히면서 빈 주머니 또는 공포(空胞)가 생긴다. 거기에 폐기물과 원료가 담겨 나가고 들어온다. 안과 밖의 교류는 또한 시냅스의 화학 및 전기 반응처럼 일어난다.

세포의 안팎으로 열리고 닫히는 세포막을 통해 물질이 새로 안으로 들어오고 밖으로 나가는 것처럼, 신경돌기의 끝부분과 다른 세포의 접합부에서 감각과 반응의 정보가 전달되는 것처럼 미궁의 중심부에서도 안과 밖의 교류가 일어난다. 이 교류의 상징이 미노타우로스다. 미노타우로스는 바로 이 교류가 유형화된 것이다. 이와 아울러 미궁의 중심부로 들어가서 미노타우로스를 발견하고 바깥세상에 내보이는 연구활동과 글쓰기도 안과 밖의 뒤집기에 의한 두 공간의 교류 또는 혼합이다. 그럴 때야 비로소 미궁의 비밀이 책의 형태로 모습을 바꾸어 온전히 드러나게 된다.

미노타우로스의 비밀은 바로 그것이 사유되지 않은 것, 사유 불가능한 것이라는 말과 같다. 그러므로 미궁을 뒤집어 미노타우로스를 보여주는 것은 바로 사유되지 않은 것, 사유 불가능한 것이 어떻게 사유되기 시작하는지를 알려주는 것이다. 무릇 모든 글쓰기는 미궁 뒤집기다. 푸코의 경우도 예외가 아니다. 따라서 『말과 사물』도 다른 저서들과 마찬가지로 뒤집힌 미궁이고 『말과 사물』의 해설서 역시 뒤집힌 미궁이 될 것이다.

푸코에게서 바깥의 틈입은 사유의 계기다. 그에게 사유하기는 그가 『쾌락의 활용』에서 권유한 '다르게 사유하기'[7]다. 그리고 푸코가 모리스 블랑쇼[8]에 관한 글에서 말한 '바깥의 사유'는 바로 다른 방식의 사유를 가리킨다. 그에게 사유하기는 바깥에 입각한 사유하기이자 다르게 사유하기다. 바깥의 틈입이라는 계기가 없다면 구태의연하게 사유하거나 심지어는 사유하지 않게 된다. 다른 사유 방식의 추구는 푸코의 일관성을 구성하는 핵심적인 요소인 것으로 보인다. 바깥의 사유는 1950년대에 초기의 푸코가 내세운 것이고 다르게 사유하기는 1980년대에 말기의 푸코가 강조한 것이다.

그런데 사유를 촉발하는 바깥은 무엇인가? 언제 우리는 생각하는가? 대개 위험이나 위기가 다가올 때다. 누구나 바라는 편안하고 안정된 삶이 사실은 사유의 적이다. 왜냐하면 푸코에게 사유는 곧 다른 사유인데 순응과 안주의 상황 속에서는 누구나 다르게 사유할 필요가 없기 때문이다. 그러한 상황에서는 다르게 생각할 이유가 그다지 있을 것 같지 않다. 그러면 푸코가 말한 의미에서의 다르게 사유하기는 중단된다. 따라서 사유가 다른 사유를 자극하기 위해서는 사유자체가 위험한 것일 필요가 있다. 푸코의 말대로 사유가 '위험한 행위'이려면 바깥으로부터 위험과 위기를 불러들여야

한다. 이 점에서 바깥은 이를테면 혼란이나 무질서의 싹, 질서가 부재하는 혼돈의 공간이다.9

역사에는 안과 바깥의 교류가 거세게 일어나는 전환기가 있다. 푸코에게 그것은 르네상스 시대에서 고전주의 시대로, 고전주의 시대에서 근대로 넘어가는 과도기와 우리가 살고 있는 현시대다. 그는 이 대전환 또는 단절에 주의를 집중한다. 이 세 가지 전환기의 소용돌이를 통해 인식의 세계에서 무엇이 빠지고 무엇이 들어오면서 어떤 새로운 사유 방식이 형성되는가를 면밀히 관찰한다. 『말과 사물』은 이러한 관찰의 보고서다.

푸코는 과거의 여러 가지 상이한 인식방법과 이것들 사이의 단절면을 관찰하고 이를 통해 현재의 사유 방식을 소묘함으로써 현재 생겨나고 있는 새로운 사유 방식을 찾고자 한다. 이 과정 자체를 푸코는 '고고학'이라고 칭한다. 권력에 관한 저서들의 경우에는 고고학 대신 '계보학'이라는 용어가 사용되지만 두 용어는 상당 부분 서로 겹친다. 계보학은 고고학을 확대한 것이지 부정한 것이 아니다. 주류의 지식과 권력은 참된 앎과 합법성의 이름으로 비주류의 국지적 지식, 저항의 성향을 내보이는 개인과 집단을 부적격하고 비합법적인 것으로 규정하여 가장자리로 몰아낸다.

푸코는 후기로 갈수록 가장자리에 놓여 있는 것에 더 주목한다. 그의 지적 행로에서 후반기에는 비판과 전복 쪽으로 한층 더 나아가는 측면이 엿보인다. 또한 탐구의 대상이 담론에만 한정되지 않고 다른 실천 또는 관행의 영역까지 포괄하기에 이른다. 계보학이라는 용어는 이러한 변화를 담아내고 있을 뿐이다.

그러므로 고고학이라는 용어는 푸코의 모든 저서에 적용할 수 있는 아리아드네의 실, 푸코 이해의 실마리로 삼아도 큰 무리가 있을 것 같지는 않다. 고고학에도 계보학의 경우와 대동소이하게 이미 현재를 단절과 변화의 관점에서 비판적으로 바라보는 관점이 출발선에 놓여 있다. 현시대의 동향에 동조하기보다는 '반시대적 고찰'을 감행하는 성향이 고고학의 개념에 함축되어 있다.

이제 푸코의 고고학에 대해 그 유래를 따져봄으로써 고고학의 개념을 『말과 사물』의 바깥으로 투사할 차례다. 이 투영 지점에 무엇이 나타나는지가 다음 논의의 관건이다.

III. 고고학의 탄생과 칸트의 그림자

　일반적인 의미에서 고고학은 역사 기록이 없는 선사시대에 관한 연구를 지칭한다. 그렇지만 선사시대만이 고고학의 연구 대상인 것은 아니다. 역사시대에도 고고학에 의한 유물의 분석과 해석은 부족한 역사 기록의 보완을 위해 필요하다. 그러므로 역사학과 고고학은 시대에 의해서라기보다는 분석과 해석의 대상에 의해 서로 구분된다. 역사학은 기록된 문서를 다루고 고고학은 발굴된 유물을 다룬다.

　푸코의 고고학은 일반적인 의미에서의 고고학과 다르다. 푸코는 유물을 발굴하지도 않고 유적을 조사하지도 않는다. 그가 하는 작업은 특정 주제에 관해 문학작품·그림·저서를 자료로 연구를 수행하고 저서를 펴내는 일이다. 그저 인문학 분야에서 수행되는 일반적인 연구활동으로 보인다. 다만 철학·역사·문학 중의 어느 한 분야에 한정되지 않는다는 점이 좀 특이할 뿐이다.

그런데도 푸코는 1970년대 초까지 자신이 수행한 연구에 고고학이라는 명칭을 붙인다. 가령『광기의 역사』에는 비록 나중에지만 침묵의 고고학,『임상의학의 탄생』에는 의학적 시선의 고고학,『말과 사물』에는 인문과학의 고고학이라는 별칭이 달린다. 1969년의 저서『지식의 고고학』에는 제목 자체에 고고학이라는 용어가 들어간다. 이로부터 알 수 있는 것은 고고학이 우선 푸코의 연구분야를 지칭한다는 점이다. 역사의 장을 재구성하는 일이지만 다른 학문, 예컨대 철학·문학·의학·정신의학·인문과학·경제학·문헌학·정치학 등과의 학제성이 다분한 자신의 연구에 기존의 명칭들, 특히 역사라는 명칭을 붙일 수 없어서 고고학이라는 명칭을 붙인 것으로 보인다.

다음으로 고고학은 푸코의 연구 방법이기도 하다. 어느 주어진 시대를 대상으로 지식 담론의 출현 조건을 알아내는 것이 이 방법의 목적이다. 따라서 역사의 구체적인 단절 시기가 집중적으로 탐색된다. 이 전환기에 표층에서는 이전의 갖가지 지식이 쇠퇴하고 새로운 지식이 출현하며 심층에서는 이전의 인식방법이 모습을 감추고 새로운 인식방법이 모습을 드러낸다. 인식방법의 변화에는 갖가지 지식의 변화가 필연적으로 수반된다. 갖가지 국지적 지식은 인식방법의 산물이다.

과학사나 사상사는 불연속보다는 연속을 강조한다. 반대로 고고학은 불연속 또는 단절에 중점을 둔다. 이와 아울러 수평적으로 어떻게 상이한 국지적 지식이 서로 호응하면서 일관성 있는 인식의 지형을 그리는가를 서술한다.[1] 예컨대 『말과 사물』의 마지막 대목에서 푸코는 근대적 지식이 출현하면서 인식의 대상 겸 주체로 모습을 드러낸 인간이 조만간 "바닷가 모래사장에 그려진 얼굴처럼 사라질"[2] 것이라고 인간 주체의 소멸을 예견하고 있다.

끝으로 고고학은 현재 우리가 처해 있는 상황에 대한 통찰을 지향한다. 지식 대상들의 역사성에 관한 물음을 제기하는 것은 누구나 정해진 담론 체제와 권력 지형에 속해 있다는 사실을 환기하고 문제시하는 것이다. 1970년대에 들어서면서 푸코가 고고학이라는 용어를 버리고 계보학이라는 용어를 채택하는 것도 현재 지향성을 강화할 필요성 때문이다. 이에 따라 담론이 아니라 실천과 전략의 분석으로 연구의 무게중심이 옮겨간다. 그렇지만 푸코의 여러 고고학은 계보학이라는 용어로 대체되기 전에도 이미 현재를 겨냥한다. 푸코의 고고학은 언제나 현재의 고고학이다.

역사의 단절부에서 쇠퇴하고 출현하는 지식의 특성이 고고학에 따라 포착되는 것은 말할 것도 없이 자료 조사를 통해 이루어진다. 자료가 없다면 조사도 없고 고고학도 없다. 고고학의 검토 대상인 자료는 무엇인가? 『말과 사물』에서 구체적인 예를 하나 들자면 벨라스케스의 그림 「시녀들」이 있다. 푸코는 이 그림을 상세히 분석함으로써 거기에서 인간의 부재를 고전주의적 지식의 특성으로 도출해낸다.

또 다른 예로는 세르반테스의 소설 『돈키호테』가 있다. 이 소설의 분석을 통해 푸코는 르네상스 시대의 인식방법을 결정하는 원리인 닮음이 어떻게 지식의 영역에서 쇠퇴하고 우스꽝스러운 것으로 여겨지게 되는지를 알려준다. 이외에도 사드의 작품, 칸트·마르크스·후설의 저서 등 엄청나게 많은 자료가 검토되고 있다.

『말과 사물』은 푸코의 다른 저서처럼 이러한 자료에 관한 서술로 구성되어 있다. 그러나 이것들은 고고학의 사료[3]가 아니다. 푸코가 말하는 사료는 특정한 시대의 담론[4] 전체이다. 담론은 글이 아니란 말이다. 그런데 푸코가 실질적으로 검토하는 자료는 모두 글이다. 글을 통해서만 말에 접근할 수 있다. 결국 고고학은 글로 된 자료를 통해 지식 담론 사이의 관계를 알아내려는 방법이다. 푸코는 말의 흔적인 글, 담론의 자취인 문서를 읽고 분석함으로써 시대별 지식체계의 연원(淵源)을 발견해내고자 한다.

그런데 푸코는 그다지 중요하게 여겨지지 않는 하찮은 자료를 원용하는 일이 잦다. 또한 고고학 연구의 결말은 사람들로 하여금 믿게 하려는 것의 기만성을 폭로하는 것이다. 이 두 가지 점을 고려컨대 푸코는 처음부터 기존 견해의 전복을 노리고 고고학 작업을 시작하는 것 같다. 어떤 자료가 내세워지건 어떤 것의 출현 조건에 대한 탐색은 그것의 선험적 여건에 대한 파악으로 귀착한다. 경험 이전의 것이 경험 대상의 인식을 결정한다는 생각이 고고학에 전제되어 있는 것이다. 선험적인 것은 경험되지는 않지만 경험에 일정한 틀을 부여한다. 푸코의 고고학은 어느 특정한 시대의 지식이 생겨난 선험적 배경을 묻는다.

푸코는 선험론으로서의 고고학 개념을 어떻게 착안하게 되었을까? 고고학이라는 말이 처음으로 사용된 것은 1963년이다. 이 해에 출간된『임상의학의 탄생』에 의학적 시선의 고고학이라는 부제가 붙은 것이다. 따라서 푸코는 1963년 이전에 이미 고고학을 자신의 방법론 겸 연구분야로 확정했을 것이다. 그렇지만 이전의 어떤 글에서도 고고학이라는 용어를 찾아볼 수 없다. 마치 고고학이라는 용어가 느닷없이 솟아난 듯하다.

그런데 인식의 선험적 여건을 따진 철학자가 푸코 이전에 이미 존재한다. 바로 인식의 선험론을 전개한 칸트이다. 칸트는『순수이성비판』에서 사물 자체를 알 수 없는 것으로 전제하고 인식의 선험적 여건을 인간의 감성과 지성에 둔다. 인간에게 선천적으로 구비된 감성 형식(시간과 공간)과 지성 형식(12 범주)이 없다면 사물의 인식이 불가능하다는 것이다.[5]

칸트에 의하면 사물과 사건의 인식이 사물이나 사건 자체에 의해 결정되지 않는다. 사물과 사건으로부터 오는 온갖 지각정보가 그대로 사물과 사건의 인식으로 이르는 것은 아니다. 인간에게 이미 구비되어 있는 인식의 형식에 의해 지각정보가 걸러지면서 사물과 사건이 구성되는 식으로 인식이 일어난다. 다시 말해서 인식은 잡다하고 무질서한 질료(물자체物自體)에 질서를 부여하는 두 단계의 과정이다. 시간과 공간이라는 감성 형식에 의해 감각적 직관 내용이 일차로 정리되어 우리에게 들어오고 그런 다음에 지성의 12가지 범주 형식[6]에 의해 개념으로 정돈된다.

오직 이성의 연역 추론에 의거하는 합리론은 감각적인 경험에 의한 지식을 도외시한다. 반면에 감각적 경험에만 의거하는 경험론은 개연적인 지식에만 머무른다. 전자는 객관성이 없어서 공허하고 독단적이며 후자는 필연성과 보편타당성이 없어서 주관적이고 개연적이다. 칸트의 인식론은 객관성과 필연성 그리고 보편타당성을 갖는 지식의 토대를 찾아내고자 한다. 이를 위해 칸트는 합리론과 경험론을 종합하여 인식의 형식이 인식의 주체에 선천적으로 갖춰져 있다고 보는 것이다.

사물에 대한 인식의 선험적 여건이 인식 주체의 감성과 지성 그리고 이성에 미리 존재하지 않는다면 사물 세계와 인식 주체는 상관관계를 맺지 못한다. 인식의 선험적 여건을 인식 주체에게 인정할 때에야 비로소 대상과 주체, 사물과 나 사이가 감각적인 것에 의해 연결될 수 있다. 감각적인 것의 정돈에 의해 만들어지는 개념적 인식도 역시 이제는 사물과 나 사이의 관계다. 칸트 이후로는 이제 마치 시초에 관계가 있었다는 듯이 상관관계에 대한 사유가 확산된다. 주체와 대상 사이의 상관관계뿐만 아니라 노에시스와 노에마,7 언어와 지시대상 사이의 상관관계 등이 중요한 문제로 대두한다.8

근대적 지식이 상관관계에 관한 사유에 토대를 두고 있음에 따라 의식과 언어가 가장 중요한 관심사로 떠오른다.9 의식은 언제나 무언가에 대한 의식이고 언어는 무언가에 관해 무언가를 말하는 활동이기 때문이다. 인간의 의식과 언어는 바깥으로 향해 있다. 20세기의 지식이 의식과 언어를 중심으로 펼쳐지는 것은 칸트에게서 발원한 사물과 인간 사이의 상호성, 그렇지만 양쪽이 균등하지 않은 인간 중심의 상관성에 의식과 언어가 가장 잘 부합하기 때문이다.

하이데거의 철학도 역시 따지고 보면 존재와 인간 사이의 상호관계에 관한 담론이다.[10] 그는 존재에 관해서도 인간에 관해서도 좀처럼 말하지 않는다. 그가 하는 대부분의 말은 존재와 인간 사이의 상호관계를 중심으로 펼쳐진다. 예컨대 '언어가 존재의 집'이라는 말이나 '현존재(現存在)'의 개념도 이 상관관계에 입각해 있다. 마치 존재와 인간이 사후에 상호관계를 맺는 것이 아니라 이 상호관계에서 존재와 인간이 구성되기라도 하는 듯하다.

칸트는 흄의 경험론적 사유에 힘입어 합리론적인 독단론의 잠에서 깨어났다고 말한다. 이로부터 경험론과 합리론의 종합이 시도되고 인간에게 인식을 위한 감성의 형식과 지성의 형식이 선험적으로 존재한다는 결론에 이른다. 이를 칸트는 '코페르니쿠스적 전회(轉回)'라고 규정한다. 인식에 관한 자신의 선험론은 자연과학에서 프톨레마이오스의 천동설이 코페르니쿠스의 지동설로 교체된 것에 버금가는 획기적인 사건이라는 것이다.

그러나 인간 이전에 어떤 것이 우연히 존재한다는 사실을 애써 부정할 필요는 없다. 이 부정은 지구상에 인간이라는 동물종이 생겨나기 이전에는 아무것도 없다고 말하는 것과 마찬가지로 사실이 아니다. 사물과 사건의 존재는 칸트가 주장하는 인간 이성의 선험성에 앞선다. 따라서 인식의 선험적 여건을 인간 주체에게서 찾는 칸트의 비판철학은 부당하게도 세계를 인간의 인식 이후의 것으로 간주하게 하는 위험이 없지 않다.

칸트의 '코페르니쿠스적 전회'는 따지고 보면 인간-지구 중심주의로의 회귀다.[11] 이에 따르면 우주는 자율적인 존재의 권리를 잃고 인간을 중심으로 돌면서 오직 인간과의 상관관계 속에서만 존재할 따름이다. 인간이 인간 바깥의 어떤 것을 중심으로 돈다고 해야 비로소 '코페르니쿠스적 전회'라할 수 있을 것이다. 근대 과학은 지구중심주의에서 벗어난 반면에 근대철학은 인간중심주의로 선회한다.

물론 칸트가 흄의 덕분으로 독단론의 잠에서 깨어나 사변적 형이상학과 거리를 두게 되기는 했다. 그렇지만 인간의 이성이 인식의 선험적 여건으로 확립되고 이에 입각한 인식만이 유일하게 정당한 인식으로 자리 잡게 되면서 인간 없는 세계에 대한 사유 자체가 막혀버린 것은 칸트 철학의 부정적인 측면이다.

『말과 사물』에서 푸코는 이러한 인식방법을 인간학주의라고 규정한다. 그가 보기에 칸트의 인식론은 인식의 대상과 주체 사이의 공평한 상호관계에 입각해 있는 듯이 보이지만 사실은 사물의 세계에서 인식 주체의 주관 쪽으로 무게중심이 옮겨간 결과이다. 이 움직임이 바로 칸트의 비판철학에 의해 완성된다. 칸트의 선험론은 이미 인간학의 경향을 내포하고 있다. 이는 칸트가 선험적인 것을 인식 주체 밖에서가 아니라 인식 주체인 인간 쪽에서 찾았기 때문이다.

푸코가 『말과 사물』에서 가장 강한 어조로 비판하는 것은 바로 근대철학에 의해 확립된 지식의 인간학주의다. 푸코에 의하면 오늘날의 지식까지도 여전히 '인간학의 잠'에 빠져 있다. 이것이 현시대 지식에 대한 푸코의 중요한 진단들 가운데 하나다. 칸트는 흄의 경험론으로부터 영향을 받아 '독단론의 잠'에서 깨어났지만 스스로 인간 중심의 인식론을 정초함으로써 '인간학의 잠'에 빠져들었고 이에 따라 근대의 지식 전체가 인간 주체를 중심으로 배치되기에 이르렀다는 것이다. 푸코가 비록 일부의 특정한 문학과 관련해서이지만 문학의 언어에 지대한 관심을 기울이는 것도 그러한 문학에서는 인간 주체의 파멸이나 소멸이 부각되거나 욕망되기 때문이다.

『말과 사물』에서 칸트에 대한 푸코의 이러한 비판은 시종일관 견지된다. 이 저서에서 푸코는 칸트를 정면으로 공격한다. 지식의 영역에서 인간 주체의 쇠퇴나 소멸을 예견하고

반기는 것이 푸코의 기본 입장이기 때문이다.

푸코는 칸트와 반대로 인간 주체의 바깥에서 인식의 선험적 여건을 찾는다. 그것은 무엇인가? 섣부른 판단일지 모르지만 그것은 일단 언어로 보인다. 인간은 언어를 자기 뜻대로 사용한다고 생각한다. 그러나 정말로 인간이 자신의 생각이나 견해를 자유롭게 언어로 표현하는 것일까? 오히려 언어에 의해 생각이 정해지는 것은 아닐까? 『말과 사물』에는 언어와 인간 사이의 대립이 기본적인 상수로 전제되어 있다. 어느 것이 먼저인가 또는 어느 것을 중시할 것인가 하는 문제에서 푸코는 전자의 손을 들어주고 후자를 소멸에 이를 정도로까지 가능한 한 깎아내린다.

푸코에게 언어는 무엇보다도 담론이다. 혼란스럽고 어지럽게 보이는 어느 특정한 시대의 지식 담론에 어떤 질서가 있다는 것이 푸코의 기본적인 생각이다. 그는 시대별로 지식 담론의 질서를 찾아 나선다. 담론의 질서란 바로 한 시대에 특유한 인식방법이다. 푸코는 이것에 '에피스테메'라는 명칭을 부여한다. 결국 『말과 사물』은 각 시대의 에피스테메를 발견하고 이것들 사이의 단절과 교체를 이야기하려는 노력의 소산이다.

그렇지만 푸코와 칸트 사이에는 사유 방식에 공통점이 있다. 그것은 두 철학자가 모두 선험적인 것을 고려한다는 점이다. 그들은 인식과 지식을 결정하는 선험적 여건이 있다는 생각을 공유한다. 푸코의 고고학도 칸트의 비판철학처럼 일종의 선험론이다. 고고학과 비판철학이 선험론을 매개로 맞물린다. 다만 선험적 여건을 어디에서 찾느냐 하는 문제에서 두 철학자의 견해가 정반대로 갈릴 뿐이다. 칸트는 선험적 여건을 인간에게서 찾지만 푸코는 선험적 여건을 인간 바깥에서 찾는다. 그러므로 푸코의 고고학은 어떤 면에서 칸트의 비판철학을 닮은 것·비판철학의 뒤집힌 형상이라고 말할 수 있다. 심지어 푸코의 고고학은 칸트의 비판철학에 연원이 있다고 의심해볼 여지가 없지 않다.

실제로『말과 사물』에서 푸코는 칸트의 인간학주의와 이로 인한 근대적 지식의 인간중심화에 대해 비판의 목소리를 높이지 칸트의 비판철학 또는 선험론 자체를 비판하지는 않는다. 푸코의 고고학이 선험론이라는 사실은 푸코의 고고학이 칸트의 비판철학에서 유래했다는 정황 증거로 간주할 수 있다. 칸트는 근대적 지식의 철학적 토대를 마련했다. 푸코는 이에 대한 비판의 거점을 인간 주체의 바깥에 둔다. 그렇지만 푸코의 비판을 통해 오히려 두 철학자의 사유방식을 공통으로 밑받침하는 선험론이 부각된다.

푸코는『광기의 역사』로 출간된 자신의 국가 박사학위 논문을 제출할 때 관련 규정에 따라 칸트의『실용적 관점에서의 인간학』의 번역과 역자 서문을 첨부한다. 이 번역서의 서문은 푸코의 고고학이 칸트로부터 갈라져 나왔으리라는 추정의 직접적인 근거가 될 수 있다.[12] 칸트 이래의 인간학주의에 대한 비판으로 가려진 고고학의 선험론적인 성격과 칸트에 대한 비판의 거점이 이 서문에서 잘 드러난다. 칸트의 이 저서에서 푸코가 무엇보다 먼저 주목하는 것은 비판론과 인간학 사이의 관계다. 푸코는 칸트에게서 이 양자가 공존함을 확인하고는 이로 인해 칸트 이후의 근대적 지식에 혼란이 초래되었다고 주장한다.

사실 인간학은 선험론으로 이어질 수 없다. 선험론은 경험 이전의 조건을 따지는 활동이지만 인간학은 기본적으로 경험적 지식이기 때문이다. 인간학에서는 선험적인 것이 논의될 수 없다는 점을 푸코는 간파하고 선험철학과 인간학을 분리한다. 이에 따라 칸트의 선험철학을 일정 부분 수용하면서도, 특히 인식에서 선험적인 것을 전제할 필요성을 인정하면서도 인식의 선험적 여건을 인간의 주관성에서가 아니라 언어 또는 담론의 객관성에서 찾는다.

이러한 방향 전환에는 분명히 1960년대에 널리 퍼진 구조주의적 연구 동향이 작용했을 것이다. 구조주의는 인간 주체에 앞서는 구조를 강조하고 모든 것을 요소들의 배치나 체계 또는 관계에 입각하여 분석하려는 입장이기 때문이다. 푸코는 구조주의 시대가 한창일 때 지적 활동을 시작했고 따라서 구조주의의 영향권에서 온전히 벗어날 수는 없었을 것이다. 그러니까 푸코는 칸트의 선험론을 구조의 견지에서 정반대로 받아들이고 비판철학의 이러한 비판적 수용에 기대어 인간학주의를 매섭게 공격할 수 있게 된 것이다.

요컨대 인간학은 비판론의 부정이다. 이 양자를 가르는 기준은 선험적인 것의 유무다. 그런데 칸트에게는 이 양립할 수 없는 비판론과 인간학이 공존한다. 푸코가 문제로 삼는 것은 바로 이러한 공존이다. 푸코는 비판론의 선험론적인 성격은 자기 것으로 하는 반면에 인간학으로의 방향 전환에는 강한 비판을 가한다. 선험적인 것의 중시에 푸코와 칸트 사이의 공통점이 놓여 있다.

비록 푸코가 선험적인 것을 칸트와는 반대로 시간의 차원·역사의 차원에서 찾는다 해도, 사물과 사건에 대한 인식이 인간의 정신에 의해서가 아니라 담론의 구조 또는 질서에 의해 선험적으로 결정되어 있다는 착상은 푸코가 구조주의의 영향 아래 칸트의 선험철학을 수용한 결과로 보인다. 이 점에 비추어볼 때 푸코가 선험적인 것 쪽으로 발상을 전환한 계기는 틀림없이 칸트의 선험철학에 대한 새로운 접근 덕분일 것이다. 푸코의 고고학은 칸트의 선험철학과 푸코가 연구자의 길로 들어선 시기의 구조주의라는 지적 동향이 푸코의 정신 속에서 만나 태동한 것으로 보인다.

푸코는 비판론과 인간학 사이의 연결고리 같은 것으로 유한성을 언급한다. 둘 다 유한성에 바탕을 두고 있다는 것이다. 그렇다면 칸트에게서 이 양자가 공존한 이유도 유한성에 있는 셈이다. 푸코는『실용적 관점에서의 인간학』을 통해 인간학의 바탕에 유한성이 놓여 있다는 것을 확인한다. 칸트의 경우 인간학에서 말하는 유한성의 형식은 비판론에서 말하는 지성의 한계와 맥이 닿아 있다. 양자 모두의 근저에는 유한성이 놓여 있다.

『말과 사물』에서 푸코가 실행하는 근대성의 고고학은 살아가고 말하고 일하는 인간의 유한성 쪽으로 근대적 지식이 기울어지는 현상에 대한 관찰이다. 이에 따라 생물학, 문헌학, 경제학이 고전주의 시대의 자연사, 일반문법, 부의 분석을 대체하기 시작했다는 것이다. 푸코는 이 대체의 과정에서 유한성이 근대적 지식을 밑받침하는 원리가 된다는 것을 논파한다. 인간의 한계가 역설적으로 인식의 토대로 자리하게 된다는 것이다. 이는 인간중심주의의 극단적인 양상이다.

끝으로『실용적 관점에서의 인간학』에 붙인 서문에서 푸코는 니체의 초인(超人; 창조적 생명력으로 자기를 초월해 나가는 이상적인 인간상) 개념을 언급한다. 이것에 의해 칸트 이후의 인간학주의를 차단할 수 있다는 기대를 내보인다. 니체가 공언한 신의 죽음은 인간의 죽음을 통해 완결된다는 것이 푸코의 주장이다. 인간 주체의 사라짐이라는『말과 사물』의 결론이 이 주장을 통해 이미 예고된 셈이다. 인간의 죽음에 대한 이 기대와 예견이『말과 사물』의 마지막 대목에서 그대로 되풀이된다. 푸코는『말과 사물』이전에 이미 인간 주체의 소멸에 대한 전망을 밝힌 것이다.

칸트와 관련하여 푸코는 인간학을 가차 없이 비판한다. 반면에 선험론은 비록 거꾸로 된 방식으로지만 자기 것으로 삼는다. 이는 인간학 비판으로 말미암아 간과되어온 경향이 있다. 그리고 유한성의 관념이 인간학과 선험론의 공존을 밑받침한다는 점을 꿰뚫어보고 인간의 죽음에 대한 기대와 예견을 피력한다. 이 세 가지 측면에 비추어『실용적 관점에서의 인간학』의 번역과 이에 붙인 서문에서 우리는 푸코가 칸트에 대한 비판의 어조에도 불구하고 칸트의 비판철학과 특히 선험론에서 고고학 개념의 틀을 잡았다는 추정을 끌어낼 수 있다. 고고학의 선험론적인 성격도 인간학주의에 대한 고고학자 푸코의 비판도 칸트와의 관계를 떠나서는 발상 자체가 불가능했을지 모른다.

칸트의 비판철학은 사실상 고전주의적 재현의 한계가 무엇인지 가려보고자 하는 것이다. 재현을 가능하게 하는 조건이 무엇인지가 칸트의 핵심적인 물음이다. 이에 따라 칸트는 모든 경험에 대해 독립적이고 보편적으로 타당한 선험적 조건을 탐색한다. 이를 위해 도표의 공간에서 재현들이 정돈되는 방식(이것이 바로 고전주의 시대의 에피스테메이다)에 대한 분석을 과감하게 벗어나서 그러한 질서화의 조건을 밝히려는 선험적인 것의 분석으로 넘어간 것이다.

또다시 강조하건대 지식을 지식의 선험적 가능 조건에 비추어 검토하는 것은 칸트와 푸코의 공통적인 본질이다. 두 철학자 모두에게 지식의 선험적 가능 조건은 지식이 지식으로 성립하고 정당성을 갖기 위한 조건이다.

그런데 칸트의 사유 방식은 비판론적이면서 동시에 인간학적이다. 칸트의 선험론 자체가 인간에 관한 지식이다. 푸코에 따르면 이 심층적인 양면성으로 인해 근대적 지식과 사유가 만성적으로 불안정하게 된다. 칸트 철학은 선험론과 인간학의 두 갈래로 뻗어나갈 여지를 내포한다. 한편으로는 선험적 주제에 따라 인식방법의 단절을 이룩한다. 다른 한편으로는 근대적 지식을 인간학주의로 기울어지게 한다.

이 점에서 푸코에게 칸트는 근대적 인식방법의 고고학적 토대를 설명하는 데 매우 유용한 자료가 된다. 푸코는 칸트로부터 선험적 주제는 슬그머니 수용하고 인간학주의의 성향은 거세게 비판하면서 객관적 구조에 입각한 자신만의 특유한 선험적 주제를 고고학으로 전개한 것이다.

이 세상의 온갖 사물과 사건은 언어로 표현된다. 지식도 역시 언어로 표현된다. 문학·역사·철학뿐 아니라 물리학과 생물학 그리고 수학 자체도 결국은 이야기로 귀착한다. 일부 지식인 집단 내에서만 통용될지언정 이야기되지 않는 지식은 없다. 모든 지식은 결국 사물과 사건에 관한 이야기 속으로 흘러든다. 음악은 순수 사건의 예술 형식이고 미술은 순수 사물의 예술 형식이지만 이야기는 사건과 사물 모두에 관련된다.13 가령 소설도 넓은 의미에서의 이야기에 속한다. 그런데 사건이 서술되지 않는 소설은 없다. 사물이 묘사되지 않는 소설도 없다. 이처럼 이야기는 음악과 미술 사이에 위치한다. 이 사이의 영역에서 역사 이야기, 자연과학 이야기, 정치 이야기, 경제 이야기, 성생활 이야기 등등 온갖 이야기가 생성하고 소멸한다.

지식 담론도 이야기에 포함된다. 세계의 온갖 사물과 사건 중에서 어떤 것이 지식 담론의 대상이 되는가는 당연히 시대에 따라 다르다. 어떤 것을 인식하는 방식도 시대에 따라 다르다. 『말과 사물』은 결국 특정한 시대에 무엇이 어떻게 인식되고 지식으로 확립되는가에 관한 책이며, 시대별 인식방법과 지식 분야의 교대에 관한 책이다. 지식 담론의 질서가 바로 시대별로 인식의 방식과 지식의 지형을 결정하는 선험적 여건이다. 특정한 시대의 지식 담론마다 고유한 질서를 전제한다. 지식 담론을 생산하는 인간이 배제되기만 하면 담론·인식·지식이 온전한 고리를 형성한다. 여기에 질서·방식·분야가 유기적으로 맞물린다. 담론의 질서가 인식의 방식을 결정하고 인식의 방법은 지식의 분야를 확정한다. 그러고는 분야별로 지식이 산출되어 담론을 형성한다.

이러한 순환 논리에서 인간은 배제되거나 적어도 뒷전으로 밀려난다. 사유와 인식의 주체라는 자부심에 상처를 입는다. 인식의 선험적 질서를 인간의 이성에서가 아니라 담론에서 찾으려는 입장은 이를테면 인간을 유전자의 집이나 옷으로 보는 관점, 유전자가 개인의 것이 아니라 개인이 유전자의 것이라는 견해와 유사하다. 인간이 주체적으로 사물과 사건을 인식하고 지식을 만들어내는 것이 아니라 인간이 행하는 인식과 인간이 만들어내는 지식의 귀결인 담론이 거꾸로 인식과 지식의 틀이 된다는 것이다.

이는 "세계가 하나의 언어처럼 구조화되어 있다"[14]는 관점과 상통한다. 이 관점에 따르면 세계는 언어에 의해 주어진다. 언어에 없는 것은 세계에도 없고 세계를 구성하지 않는 것은 언어를 구성하지도 않는다. 세계에 사물이 없다면 사물을 말할 언어도 없을 것이지만 반대로 언어에서 모든 명사를 없앤다면 세계에 사물이 남아 있지 않을 것이다. 사물이 없으면 말도 없을 터이지만 역으로 말이 사라지면 사물도 사라진다. 말이 사라져도 현실에는 여전히 사물이 남아 있겠지만 세계에는 사물이 남아 있지 않게 된다. 세계는 현실이 아니다. 현실에 질서가 부여된 것이 세계다. 언어가 어떤 질서에 따라 현실을 세계로 만든다. 그러므로 언어가 세계이고 세계가 언어다.

『말과 사물』에서 푸코가 다루고 있는 것은 지식의 세계이다. 지식의 세계도 언어에 의해 형성된다. 시대별 지식의 세계는 시대별 언어처럼 구조화되어 있다. 시대별 언어의 한계는 곧 지식의 한계이고 시대별 지식의 한계는 곧 언어의 한계다. 시대에 따라 인식의 방법이 다른 것은 인간이 달라서가 아니라 언어가 달라서다.

예를 들어 의식의 현상학도 칸트 철학의 테두리 내에서 전개된다. 다만 선험적 인식 주체의 완결성에 이의를 제기하고 선험적인 것과 경험적인 것 사이의 관계를 지각에 근거하여 엄정하게 사유하고자 하는 측면이 다를 뿐이다. 사실 현상학의 시도는 인간의 의식에 대한 성찰을 통해 선험적인 것, 형식적인 것, 경험적인 것의 종합을 겨냥한다.

현상학에서는 인간의 감성과 지성이 아니라 지각을 통해 인간에게로 들어온 경험 내용에 선험성이 부여된다. 현상학에서의 선험적인 것은 이를테면 프루스트의 인상 개념과 유사하다. 프루스트에 따르면 인상은 사물과 인간에 의해 공유된다. 하지만 사물 쪽의 인상은 인간이 알 수 없다. 인간은 자신에게 새겨진 인상만을 알 수 있을 뿐이다. 개인에게는 이미 수많은 인상으로 된 내면의 책이 있다. 현상학은 이 책을 선험적 여건으로 간주하는 셈이다.

그렇지만 이 선험적인 것은 어디까지나 주관성 쪽에 자리하는 것이다. 따라서 현상학은 칸트의 비판철학에 의해 형성된 궤적 안에서 전개되는 셈이다. 선험성의 주제와 경험의 유한성 사이에 상호 관계를 확립하고자 시도하면서도 기본적으로는 선험 철학이기 때문이다. 현상학은 칸트 철학으로부터 멀리 벗어나 있는 듯이 보이지만 여전히 칸트 철학에 얽매어 있다.

칸트의 비판철학에서는 지식의 선험적 가능 조건이 지식의 경험적 내용과는 별도로 다루어진다. 그렇지만 칸트가 비판철학에서 인간학으로 나아감으로써 인간은 '기묘한 경험적-선험적 이중체'로 구성되기 시작한다는 것이 푸코의 주장이다. 선험성의 주제가 인간학으로 쏠린다는 것이다. 이를테면 비판철학이 인간학에 의해 굴절된다. 바로 이 굴절이 근대적 사유를 특징짓는다. 이 굴절 현상은 현상학으로까지 이어진다.

푸코는 근대철학의 이러한 행로, 즉 비판철학적 해석에서 인간학적 해석으로의 변화를 19세기부터 확립되는 서양철학의 기본 동향으로 제시한다. 인간중심주의 또는 인본주의의 흐름은 끊이지 않고 계속된다. 이 점에서 근대적 지식에 대한 푸코의 비판적 분석은 바로 인간학의 주름을 펼쳐 보여주는 작업이 된다. 『말과 사물』에서 푸코가 인간과 언어의 대립을 줄곧 유지하고 인간의 소멸에 희망을 거는 것은 바로 이 흐름을 끊기 위해서다. 푸코는 이 흐름에 니체의 사유, 형식주의적 사유, 구조주의적 사유를 맞세운다. 그럼으로써 편협한 인본주의적 사고방식에서 벗어날 것을 촉구한다.

그렇지만 푸코의 지적 행로 전체에 칸트의 그림자가 짙게 드리워져 있는 것 같다. 푸코가 번역한 칸트의 『실용적 관점에서의 인간학』과 이것에 붙인 서문은 칸트의 인간학에 대한 비판적 고찰이지만 거꾸로 칸트의 선험 철학에 대한 헌사(獻詞)로 읽힐 수도 있다.

이외에도 푸코는 생애의 막바지에 이르러 「계몽이란 무엇인가?」라는 제목의 글을 두 편[15] 쓴다. 이 제목은 칸트가 받은 설문이기도 하다. 또한 이 물음에 대한 칸트의 답변을 가리킨다. 동일한 제목의 글 두 편에서 푸코는 칸트의 답변을 자세히 해석한다. 특히 칸트가 계몽을 정의하는 데 핵심적인 개념으로 구실하는 '성숙성'의 개념을 다르게 사유하기의 견지에서 적극적으로 수용한다.

그리고 1982~83년 콜레주드프랑스에서의 마지막 강의가 『진실에 대한 용기』라는 책으로 출판되는데,16 이 책의 중심 개념 '파레시아'17의 어원적인 의미는 모든 것을 다 말하기다. 흔히 권력 앞에서 권력에 거슬릴지언정 진실을 말할 용기를 가리킨다. 그러므로 이 개념은 칸트의 계몽주의적 명령, 즉 '감히 알려고 하라' 또는 '너의 지성을 사용할 용기를 가져라'라는 뜻인 '사페레 아우데'18와 비슷한 울림을 갖는다. 끝으로 『쾌락의 활용』에서 주장하는 '다르게 사유하기'도 역시 『실용적 관점에서의 인간학』에서 칸트가 역설하는 '스스로(자기 힘으로) 생각하기'와 '남의 입장에서 생각하기[역지사지易地思之]' 그리고 '언제나 자기 자신과 일치되게 생각하기'19의 창의적 변용쯤으로 보인다.

심지어는 푸코의 모든 글에 대해 '칸트 텍스트를 가리는 일종의 다시 쓰기'라든가 '칸트 텍스트의 팔랭프세스트'20라는 주장도 있다. 일정 부분 맞는 말이다. 푸코의 텍스트 전반에서 칸트의 영향을 확인할 수 있기 때문이다. 그렇지만 '푸코의 고고학과 계보학 그리고 윤리학'에서 모든 것이 "칸트와의 감춰진 그만큼 매혹된 마주침에서 생겨나고 북돋아졌다"21는 주장에는 무리가 없지 않다. 그리고 푸코가 칸트의 영향을 숨기려고 했다고, 칸트의 그림자를 걷어내려고 했다고 추정할 수는 있지만 단언할 근거는 많지 않다.

물론 푸코의 창의적인 측면, 과격한 주장, 전복적이라고

들 하는 사유 방식의 매력에 너무 현혹될 필요는 없다. 그렇다고 해서 칸트의 견지에서만 푸코를 보는 것도 문제가 없지 않다. 역사 연구의 측면, 새로운 권력 개념을 고안하여 제시한 공로, 근대적 사유를 돌파하기 위한 반인본주의적 태도 등 적어도 몇 가지 요소는 결코 칸트에게서 찾아볼 수 없기 때문이다.

푸코가 지적 행로의 처음부터 끝까지 칸트의 유령과 함께한다는 것을 부인하기는 어렵겠지만 칸트에 대한 푸코의 비판이 처음부터 감지된다는 것을 애써 부정할 필요는 없다. 특히 푸코가 칸트와 갈라서는 지점, 즉 고고학의 유래이기도 한 선험론의 정반대되는 전개를 간과해서는 안 된다.

푸코의 고고학은 인식의 가능 조건을 추출하기 위한 방식이다. 이를 위해 푸코는 어떤 방식으로 지식이 출현하게 되는지를 묻는다. 특정한 시대에 특정한 지식이 출현하는 배경에 질서가 존재한다고 생각하고서 이 질서가 어떻게 경험되는지를 끈질기게 해명하고자 한다. 질서의 경험이 인식 가능성의 토대로 구실하기 때문이다. 이처럼 푸코의 작업 방식은 칸트의 비판철학과 궤를 같이한다.

그렇지만 칸트의 경우에는 사물 자체가 알 수 없는 것으로 간주된다. 인식 주체의 시선에 의해서만 사물이 존재하게 된다. 시선이 사물을 가능한 인식의 대상으로 변화시킨다.

칸트의 인식론은 주관주의에 기반을 두고 있다. 반면에 푸코의 경우에는 지식이 사물의 질서 또는 내적 법칙에 입각하여 고찰된다. 사물 쪽에서 질서가 탐색된다. 푸코에게 질서는 객관적이다.

그러나 이 질서는 인식을 위한 비가시적인 격자로서 시선·관심·언어를 통해 드러난다는 점에 비추어 주관적이기도 하다. 게다가 사물의 질서라 해도 이때의 사물은 인간이 만들어낸 것이다. 애초부터 주관성이 개입한다. 그러므로 푸코가 말하는 질서는 완전히 객관적이지도 완전히 주관적이지도 않다. 인식을 구성하는 객관성과 주관성의 두 차원이 마주침으로써 질서가 존재하게 된다. 달리 말하자면 질서는 이 마주침의 장소, 즉 사물을 명명하는 말과 인간이 지각하는 사물 사이의 공간이다. 말과 사물 사이의 공간으로부터 어떤 것이 인식에 주어지고 지식으로 떠오른다. 고고학은 이 공간을 탐색하는 활동이다.

푸코는 경험적 지식에서 뒤로 물러나 경험적 지식의 존재 원리를 형성하는 질서의 특이한 존재 방식을 식별하고자 한다. 푸코의 고고학은 경험성의 토대로 간주되는 질서를 파악하기 위한 개념 도구다. 그러나 과학사 또는 사상사와는 달리 연속적인 진보를 전제하지 않는다. 푸코의 고고학은 불연속 또는 단절의 역사, 과거의 흔적들이 접혀 쌓여 있는 현재의 역사를 겨냥한다. 그것은 칸트의 비판철학과 동일하게 선험성의 주제에서 비롯된 것이지만 푸코는 거기에 머무르지도 인간학으로 기울어지지도 않는다. 칸트와는 정반대로 인간의 바깥에서 인식의 선험적 여건을 탐색한다. 푸코에게 인간의 바깥은 고고학의 시기에는 담론이고 계보학의 시기에는 그가 생산적인 것이라고 새롭게 개념화하는 권력(또는 지식과 권력의 복합체)이다.

그러므로 아무리 푸코의 고고학에 칸트 철학의 그림자가 시종일관 짙게 드리워져 있다 할지라도 푸코의 고고학은 칸트의 비판철학 및 인간학과는 결국 길이 갈린다. 이와 동시에 푸코에게서 칸트가 비쳐 보이는 것도 부인할 수 없는 사실이다. 푸코에게서 칸트의 향기가 진하게 풍겨난다.

IV. 에피스테메 개념의 공간

    푸코에게 인식의 가능 조건 또는 선험적 여건은 결코 역사를 넘어선 불변요소가 아니다. 시대마다 고유한 담론의 질서와 이에 입각한 지식이 있다. 각 시대의 지식은 그 자체로 자율성을 갖는다. 오늘날의 지식과 비교하여 뒤떨어진 것이라고 평가할 수 없다.

    푸코의 고고학은 상대주의적이다. 고고학적 진리는 역사성을 갖기 때문에 보편성의 원칙에 위배된다. 푸코의 고고학은 선험성에 역사성을 더한 것이다. 다만 오늘날의 상황을 돌파해 나가기 위해서는 시대별 지식과 이를 밑받침하는 인식의 틀을 공시적으로 검토할 필요가 있다. 『말과 사물』에서도 푸코의 목적은 우리가 여전히 붙들려 있는 근대적 지식의 인간학적 지형에 변화를 불러일으키기 위한 조건을 찾아내는 데 있다.

『말과 사물』의 핵심적인 대목은 담론이 인간에 의해 교대되는 변화를 설명하고 있는 부분이다. 담론이 쇠퇴하고 인간이 출현함으로써 고전주의적 지식이 물러나고 근대적 지식이 새롭게 나타난다. 고전주의 시대의 끝자락에서 사드가 고전주의적 지식의 극한을 보여줌과 동시에 고전주의적 지식의 한계를 드러내어 보이고 근대의 첫머리에서 칸트는 인간을 인식의 주체 겸 대상으로 세우고 근대적 지식의 토대가 인간의 이성에 놓여 있음을 코페르니쿠스적 전회라는 말로써 역설한다.

인간의 부재와 관련해서는 뒤에서 자세히 언급할 것이지만 벨라스케스의 그림 「시녀들」이 분석되고 있는 대목이 압권이다. 푸코는 고전주의 시대의 지식에 인간이 배제되어 있다는 것을 이 그림의 분석으로 설득력 있게 예시한다. 그러니까 『말과 사물』에는 지식의 역사가 크게 보아 인간의 부재에 대한 증명, 인간의 출현에 대한 비판, 인간의 소멸에 대한 기대로 나누어 제시되어 있다. 여기에 르네상스 시대와 고전주의 시대, 근대, 그리고 현재의 지식에 대한 설명이 상응한다. 따라서 각 시대의 지식이 어떠한지, 시대별로 사물과 사건이 어떻게 인식되고 말해지는지를 인간의 부재와 출현에 근거하여 파악하면『말과 사물』의 대체적인 윤곽을 어림잡을 수 있다.

『말과 사물』에서 인간은 지식의 무대에 등장한 지 150년도 되지 않았고 오래지 않아 사라질 것이라고 예견된다. 여기에는 언어의 분산과 귀환이 대응한다. 시대별 지식에 대한 이 고고학적 탐구에서 인간과 언어는 처음부터 끝까지 줄곧 반비례의 관계를 맺는다. 인간과 언어 사이의 대립은 이 저서의 큰 줄기다. 이는 다음과 같은 푸코의 발언에서 분명하게 확인된다. "서양 문화에서 인간의 존재와 언어의 존재는 서로 공존할 수도 서로 맞물릴 수도 없었다.… 이것들의 양립불가능성은 우리의 사유가 갖는 기본 특징들 중의 하나였다."[2] 이 양립 불가능성의 대표적인 사례가 바로 고전주의적 지식과 근대적 지식의 교대다.

이 양자는 상호 배제의 관계를 맺는다. 고전주의 시대에는 일반문법·자연사·부의 분석이 담론의 재현 기능에 근거하여 주요한 지식으로 성립한다. 근대에는 이것들이 문헌학·생물학·경제학으로 대체된다. 이는 인간 과학의 성립에 따라 노동·생명·언어가 준-선험적인 것으로 떠오른 덕분이다. 그러니까 "18세기 말 이전에는 인간이 존재하지 않았다"[3]는 푸코의 주장은 인간이 근대적 지식의 요구에 따른 인위적인 산물이라는 관념에 기인한다.

그렇지만 인간이 부재한 적은 없지 않았을까? 인간의 존재와 언어의 존재가 완전히 교대되는 것은 아닐 것이다. 푸코는 대립하거나 교대하는 두 항목 중에서 유독 인간에 대해서만 부재와 출현을 말하고 언어에 대해서는 이 고고학적 탐구의 처음부터 끝까지 줄곧 그 중요성을 강조한다. 그런데 이는 두 항목이 정반대로 부침을 겪는다는 것과 모순된다. 두 항목 중에서 어느 한 항목이 완전히 사라진다면 나머지 항목도 존재할 수 없다. 인간 없는 언어는 언어 없는 인간만큼이나 상상할 수 없다.

오히려 푸코의 주장을 뒤집어 19세기부터는 인간이 존재하지 않았다고 말할 수도 있지 않을까? 왜냐하면 그때부터 담론의 단일성이 사라지고 언어의 분산이 일어나면서 인간이 출현한다기보다는 거꾸로 인간의 단일성이 흔들리고 인간의 분산이 일어나면서 언어학에 연원이 있는 형식주의와 구조주의가 생겨나기 때문이다. 실제로 근대인은 여러 과학의 대상이 된다. 인간은 학문 분야에 따라 '역사적 존재' '말하는 존재' '무의식이 있는 존재' 등 다르게 규정된다.

19세기 중엽부터는 인간 과학이 단일성을 잃어버리고 상이한 다수의 인간 과학이 탄생하기 시작한다고도 볼 수 있다. 이러한 경향은 오늘날까지 약화하기는커녕 오히려 강화되고 있는 것이 사실이다. 오늘날은 온갖 지식 분야가 어지럽게 분화되어 인간의 단일성이라고는 찾아볼 수 없을 지경이다. 요컨대 인간은 과학적으로 인식 가능한 실체의 지위, 인식 대상의 지위를 획득하면서 그 이전 시대의 단일한 본질을 잃는다.

이 점에서 푸코의 주장과는 정반대로 19세기부터는 인간이 존재하지 않는다고 단언할 수도 있다. 인간의 관념은 언어·역사·사회·문화·예술 등의 영역에서 다르게 형성된다. 그리고 각 관념이 또다시 다양한 경험 때문에 다원화된다. 인간이 지식의 무대 위로 등장했다 할지라도, 인간학주의의 질서가 근대적 지식의 가능 조건으로 성립했다 할지라도, 이 질서가 경험되는 방식은 절대 단일하지 않고 다양하다. 분야에 따라 파편적으로 존재하는 인간은 인간의 일부일 뿐이다. 인간의 파편 하나를 인간이라고 명명할 수 있을까? 어쨌든 종합적인 인간의 형상화는 이제 불가능하다. 기껏해야 입체파 회화처럼 기괴하게 형상화될 수 있을 뿐이다.

그러나 아직은 인간과 언어의 대립 또는 교대뿐 아니라 인간의 소멸에 대한 푸코의 예견과 기대를 일정 부분 받아들이고 그의 설명을 따라갈 필요가 있다. 왜냐하면 일부 무리한 주장에도 불구하고 이론이란 것이 으레 그렇듯이 푸코의 이론도 상식에 충격을 가하고 이 점에서 순기능을 하고

〈그림 4〉 벨라스케스의 「시녀들」

있을 뿐만 아니라 상당 부분 상식이 되어가고 있기 때문이다.

푸코가 주장하는 인간의 비존재는 무엇보다도 고전주의
시대에 담론이 맡은 광범위한 재현 작용에서 인간의 현존이
결코 필요하지 않았다는 의미다. 이는 벨라스케스의 「시녀
들」에 대한 분석으로 명확하게 예시된다. 푸코에 따르면 이
그림은 고전주의적 재현의 패러다임을 제공한다.

이 그림에 대한 푸코의 해석을 이해하기 위해서는 우선
이 그림에 등장하는 인물들을 살펴보는 것이 좋다. 넓은 실
내에 전부 11명이 모습을 보인다. 맨 안쪽의 열린 문으로 빛
이 쏟아져 들어오고 거기 계단 위에 한 사람이 막 들어오려
는 자세로 서 있다. 여기에서 오른쪽 전방으로는 나이가 들
어 보이는 남녀가 다소곳이 서 있고 더 전방으로는 젊은 시

녀가 치맛자락을 살포시 잡고 약간 허리를 굽힌 자세로 서 있다. 그녀보다 더 오른쪽 앞으로 난쟁이와 소년이 보이고, 그림의 맨 오른쪽에서 또 빛이 들어온다. 난쟁이 앞에는 개 한 마리가 엎드려 있다. 그림의 한가운데는 어린 공주가 차지하고 있다. 공주는 고개를 살짝 왼쪽으로 돌린 채 전방을 주시하고 있다. 공주의 바로 오른쪽, 그림의 왼쪽에는 또 한 명의 젊은 시녀가 오른쪽 무릎을 바닥에 대고 오른손으로 쟁반을 받치고서 공주에게 내밀고 공주는 오른손을 뻗어 쟁반 위의 뭔가를 집으려는 듯하다.

이 시녀의 뒤쪽으로 화가가 오른손으로는 붓을, 왼손으로는 팔레트를 들고서 전방을 주시하고 있다. 화가 앞에는 커다란 캔버스가 놓여 있다. 캔버스는 뒷면의 일부만 보일 뿐 화가 쪽의 전면은 전혀 보이지 않는다. 화가 뒤로는 작은 그림이 화가에 의해 가려져 있고 그 위로 큰 그림 두 개가 나란히 걸려 있다. 끝으로 작은 그림의 오른쪽과 큰 그림 둘의 아래쪽에 계단 위의 인물과 동일한 높이로 거울이 걸려 있고 이 거울에 두 인물이 비쳐 보인다.

얼른 보기에 이 그림은 궁중 생활의 한 순간을 포착하여 그 광경을 묘사하고 있는 듯이 보인다. 어떤 광경인가? 이 광경에서 중심인물은 누구인가? 푸코의 분석에 따르면 이 그림은 화가 벨라스케스가 국왕 부부를 그리고 있는 광경의 재현이다. 이러한 판단의 근거는 그림의 안쪽 벽에 걸린 거울이다. 그림처럼 보이지만 분명히 거울이다. 그림들과는 크기가 다르다. 그림의 액자와는 달리 테두리가 없다. 이 거울에 비쳐 보이는 두 인물은 그림의 모델이다. 여러 인물의 시선, 특히 붓과 팔레트를 들고 그림을 그리는 화가의 시선이 이들을 향하고 있기 때문이다. 공주와 난쟁이 그리고 왕비의 수행원이라고들 하는 오른쪽 뒤쪽의 나이 든 남자와 뒤쪽 계단 위에 막 들어오려는 모습의 남자도 이 모델을 바라보고 있다. 이 다섯 인물의 시선이 모이는 장소에 국왕 부부가 모델로 앉아 있는 것이다.

그렇지만 국왕 부부의 자리는 이 그림의 바깥에 있다. 그림 안에는 거울에 비친 모습으로 어렴풋하게만 반영된다. 캔버스의 전면은 관람자에게 보이지 않는다. 여기에 그려지고 있는 그림도 역시 국왕 부부의 모습일 것이다. 그러므로 이 그림에 통일성을 부여하는 것은 바로 그림에 부재하는 국왕 부부이다. 역설적으로 이러한 결여 때문에 그림에 진정한 일관성이 확보된다.

이 그림에는 재현하는 주체, 재현의 대상이 내포되어 있다. 전자는 화가 자신이고 후자는 화가가 캔버스에 그리고 있는 모델인 국왕 부부다. 그런데 국왕 부부는 이 그림에 포함되어 있지 않다. 단지 그림 속의 거울에 희미하게 비쳐 보일 뿐이다. 푸코가 주목하는 것은 바로 이 모델의 자리, 이른 바 '왕의 자리'가 그림 밖에 놓여 있다는 사실이다. 이 사실에 의해 고전주의적 재현의 패러다임이 밑받침된다. 이는 이 그림이 모든 고전주의적 재현의 전형이라는 말과 같다. 무릇 고전주의적 재현이라면 왕의 자리가 그림 바깥에 놓여 있어야 한다는 것이다.

왕의 자리는 무엇인가? 왕은 어떤 역할을 하는가? 왕의 자리가 재현의 바깥에 위치한다는 것은 고전주의적 재현과 관련하여 무엇을 의미하는가? 우리가 보는 그림의 광경은 왕의 시선에 들어온 것이다. 군주의 시선이 그림 자체를 성립시키는 것이다. 벨라스케스는 바로 이 왕의 자리에서 이 그림을 그린 셈이다. 이 경우에 그림의 주인공은 그림의 한가운데에 있는 공주이다. 왕의 자리는 또한 벨라스케스가 자기 자신을 바라보는 지점이기도 하다. 이 경우에는 그림의 주인공이 화가 자신이다.

그렇지만 그림 속에서 캔버스 앞에 서서 그림을 그리고 있는 화가 벨라스케스의 모습에 비쳐 보면 국왕 부부가 그림의 주인공이자 재현의 대상이다. 국왕 부부는 그림 속의 거울에 유령처럼 비쳐 보일 뿐 실제로는 그림 바깥에 위치한다. 그런데 왕의 자리는 또한 이 그림을 보러온 관람객이 자리하는 지점이기도 하다. 벨라스케스는 관람객의 자리에서 관람객의 시선으로 자기 자신을 보고 있기도 하다.

어떻게 보면 왕의 자리는 비어 있다고도 말할 수 있다. 이 자리에 왕과 화가 그리고 관람객이 차례로 자리한다. 그리고 그림 속의 거울은 이 이중화의 놀이를 가능하게 해주는 장치다. 그림 속에 그림을 그리는 화가가 재현될 수 있는 것도 이 이중화의 놀이에 기인한다. 이로 인해 무슨 일이 일어나는가? 시선의 견지에서 주체는 대상이 되고 대상은 주체가 된다. 왕과 화가 그리고 관람객이 끊임없이 자리바꿈을 함으로써 시선 자체의 움직임이 드러난다. 결국 이 그림이 나타내고자 하는 것은 이러한 시선이 아닐까?

화가가 그리고 있는 것은 공주, 화가, 국왕 부부 등 여러 대상일 수 있어서 어느 누구의 초상화도 아닌 것 같다. 이 그림은 누군가를 실물과 유사하게 그리려는 것이 아니라고 볼 수 있다. 그렇다면 이 그림의 작동 원리는 닮음[4]이 아니다. 이 그림에서 재현의 대상이나 주체는 중요하지 않다. 벨라스케스의 가장 우선적인 관심사는 재현 자체인 것으로 보인다. 이 그림에서 바라보는 자와 바라보이는 자의 끊임없는 자리바꿈에 의해 재현의 작동 과정 자체가 드러난다.

실제로 이 그림은 고전주의적 재현을 표현한 것이다. 이는 오로지 왕의 자리가 비어 있음으로써 가능해진다. 자리가 비어 있기 때문에 끊임없이 다른 누군가에 의해 점유될 수 있고 이에 따라 시선의 교대가 일어난다. 그럼으로써 재현의 주체나 대상은 뒤로 밀려나고 재현 자체가 앞으로 다가온다.

또한 이 그림은 관람객에게 재현이란 무엇인가라는 물음뿐만 아니라 그림이란 무엇인가, 더 나아가 예술이란 무엇인가 하는 물음을 제기한다. 그림 앞에서 관람객은 시선의 교대와 이중화의 놀이에 힘입어 생겨나는 공간의 깊이에 빠져든다. 그러다가 뒤로 물러나거나 옆으로 비켜서려는 순간 그림은 다시 평면이 되기 시작한다. 이 찰나의 과정에서 관람객은 자신이 빠져든 그림이 실제의 광경이 아니라 환영이라는 인상을 받는다. 그러면서 그림은 하나의 광경이지만 동시에 환영이기도 하다는 생각을 갖게 된다.[5]

한마디로 푸코가 벨라스케스의 「시녀들」에 대한 분석을 통해 말하고자 하는 바는 바로 이 그림이 고전주의 시대의 재현을 나타내고 있다는 점이다. 그의 분석에서 가장 중요한 요소는 고전주의적 재현 작용의 자율성이다. 이 자율성은 왕의 자리가 그림의 공간 밖에 위치하고 그 자리를 화가와 관람객이 번갈아 점유한다는 점에 기인한다.

고전주의 시대에는 모든 가능한 인식의 주체 겸 대상으로서의 인간이 존재하지 않았다는 것은 『말과 사물』에서 푸코의 가장 중요한 주장들 가운데 하나다. 이는 재현의 작용에 인간이 끼어들 여지가 없었다는 것을 의미한다. 이것을 예증

하는 것이 바로 벨라스케스의 그림 「시녀들」인 것이다.

인간은 고전주의적 담론이 사라지고 나서야 비로소 출현할 수 있게 된다. 18세기 말에 이르면 생물도감이나 식물도감처럼 한없는 추가의 방식으로 늘어나는 지식에 의해 지식 자체가 질식하기에 이른다. 한없는 재현 때문에 재현 자체가 한계에 부딪힌다. 재현의 극한이 재현의 붕괴를 초래한다. 사드의 작품들은 욕망의 한없는 재현이다. 사드는 욕망의 재현을 극한까지 밀고 나간다. 이 과정에서 재현은 여태까지의 힘을 잃고 욕망에 자리를 내준다. 재현의 대상에 의해 재현 자체가 무너져 내린다.

이에 따라 재현에 의한 지식도 실효성을 상실한다. 이제는 재현에 의한 지식의 대상, 즉 인간의 욕망이 관심사로 떠오른다. 이처럼 재현에 의한 지식이 폐허로 변하자 이 폐허 위로 인간이 출현한다. 인간은 지식의 차원으로 진입할 뿐만 아니라 벨라스케스의 「시녀들」에서 재현으로서의 그림 바깥에 있는 왕의 자리를 차지하게 된다. 인간이 차지한 왕의 자리는 이제 지식의 바깥이기는커녕 지식 공간의 중심이 된다.

푸코에 따르면 인간을 왕의 자리에 놓는 것이 바로 근대적 지식의 근본적인 속성이다. 칸트의 비판철학은 지식의 선험적 여건을 담론이 아니라 인간의 내적 차원에 둠으로써 언어와 인간의 대립에서 언어를 뒤로 밀어내고 인간을 인식의 대상 겸 주체로 확립한 사건이다. 생명·노동·언어가 준-선험적인 것으로 대두하는 선험적인 것의 객관화가 진행되는 과정에서 칸트의 선험철학에 의해 인간이 이것들의 절대적인 토대로 떠오른다. 이에 따라 이 객관화의 동향이 인간의 주관성에 붙들리고 인간의 유한성이 모든 인식의 토대로 들어선다.

『말과 사물』의 마지막 대목에서 푸코는 바닷가 모래사장에 그려진 인간의 얼굴이 파도에 휩쓸려 지워질 운명이라고 말한다. 새로운 지식의 물결에 의해 인간이 사라지리라는 것이다. 그러나 오늘날에도 역시 인간은 특유한 담론의 질서에 따라 기존의 지식을 배우고 새로운 지식을 얻는다. 그런데도 인간이 지식의 공간에서 완전히 사라질 것이라고 말할 수 있을까? 이러한 예견을 어떻게 이해해야 할까? 그것은 지식의 산출에 인간의 요인이 끼어들지 않게 된다는 의미로 보인다. 인간이 지식을 창출하는 듯이 보이지만 사실은 무언가가 인간에게 지식을 창출하게 만든다는 것이다.

가령 어느 한 사람에 의해 새로운 지식 형태가 생겨나 폭넓은 집단으로 퍼져나간다고 가정해보자. 이 경우에는 지식을 창출한 개인을 비롯하여 많은 사람이 이 지식에 동조한다는 점에서 지식 담론이 인간의 인식을 결정하고 특정한 지식을 지식으로 확립한다고 말할 수 있다. 예컨대 구조언어학·구조인류학에는 언어체계나 친족구조 같은 것이 언어생활과 사회생활을 하는 인간보다 더 직접적으로 지식을 결정한다는 관념이 내포되어 있다.

1960년대의 구조주의는 칸트 이래의 근대적 지식을 거스르는 새로운 담론의 질서다. 인식의 선험적 여건을 인간 안에 두지 않고 인간 바깥, 즉 인간이 만들어놓은 문화의 체계나 구조에서 찾기 때문이다. 그렇지만 구조주의적 지식의 물결이 인간의 얼굴을 온전히 지운 것은 아니다. 푸코의 예견은 구조주의에 따라 촉발된 측면이 없지 않지만 푸코는 구조주의보다 더 진전된 어떤 동향을 염두에 둔 듯하다. 어쩌면 그의 예견은 언제까지나 연기되는 성질의 것인지도 모른다. 다른 한편으로는 그의 예견이 조금씩 실현되고 있는 것 같기도 하다.

이처럼 과학성의 기준은 르네상스 시대·고전주의 시대·근대·현시대 사이에서 극적으로 변한다. 각 시대의 과학성을 결정하고 갖가지 지식을 낳는 지식의 인식론적 지형에 푸코는 '에피스테메'라는 독특한 이름을 붙인다. 새롭게 만들어진 개념이 언제나 그렇듯이 이 용어에 관해서도 많은 논란이 일어날 수밖에 없다. 새로운 개념은 기존의 개념과 경쟁 구도를 형성하기 때문이다.

에피스테메라는 개념도 구조나 체계라는 기존의 용어와

겹치는 부분이 없지 않다. 이것들보다 더 모호하기도 하다. 급기야는 푸코 자신도 지식이 아니라 권력에 관심을 기울이게 되면서부터 에피스테메를 '장치'라는 개념으로 대체한다. 고려해야 할 것이 담론에 그치지 않고 실천, 전략, 제도 등으로 확대되기 때문이다. 그렇지만 『말과 사물』의 온전한 이해를 위해서는 에피스테메 개념에 대한 이해가 필요하다. 이 개념은 『말과 사물』의 미궁 한가운데에 놓여 있는 미노타우로스 같은 것이다.

에피스테메는 인식의 객관성을 역사적으로 조건 짓는 선험적 여건의 관점에서 시대별로 지식 담론과 인식방법을 관찰하는 방법이자 귀결이다. 한 마디로 지식 담론의 구조화 방식이라고 말할 수 있다. 『말과 사물』은 결국 시대별 에피스테메에 관한 설명이다. 이 책에서 푸코는 분과학문(分科學問) 사이의 관계를 시대별로 드러내고자 한다.

한편으로는 무엇이 과학적인 것으로 인식되는가 하는 문제의 층위가 있고 다른 한편으로는 왜 그것이 과학적인 것으로 인식되는가 하는 문제의 층위, 즉 과학적 인식의 역사적 가능 조건에 관한 물음의 층위가 있다. 전자에서 후자로 나아가는 것이 푸코의 시도인데, 후자가 바로 에피스테메의 층위이다. 푸코의 의도는 이 두 층위 사이의 맞물림을 해명하려는 것이다. 그는 과학성의 주장에 관한 문제를 지식 담론의 존재 양태에 대한 관찰로 풀고자 한다.

에피스테메 개념의 배후에는 가스통 바슐라르6와 토머스 쿤7의 이론이 비쳐 보인다. 우선 바슐라르로 말하자면 그는 인간의 객관적 인식을 방해하는 요소가 인간에게 있다는 점에서 출발한다. 객관적 인식에 이르려면 이 인간적 요소를 제거해야 한다는 것이다. 이른바 '객관적 인식의 정신분석'은 과학적 인식을 위해 인간 내면에서 이 방해물을 몰아내는 데 애초의 목적이 있다. 여기에서 방해물이란 사물과 사건을 인식하는 데 작용하는 몽상·꿈·상상력 등이다. 그러니까 바슐라르는 객관적 인식을 빗나가게 하는 온갖 주관적인 정신 작용을 가능한 한 배제해야 비로소 과학적 진리에 도달까지는 아니더라도 접근할 수 있다고 주장한다.

이와 같은 관점에서 이미지와 상상력은 욕망에 따라 환상이나 허상을 불러일으킴으로써 인식에서의 오류를 유발하는 주범으로 지목된다. 그가 인간의 상상력을 연구하기 시작한 것은 이 오류의 원천들을 드러내서 없애기 위해서였다. 그러다가 이미지와 상상력에 대한 바슐라르의 입장이 정반대로 달라진다. 일소의 대상이 매혹의 원천으로 변한다. 이러한 태도 변화는 무엇보다 『불의 정신분석』에서 극명하게 드러난다. 주관성의 오류로 지목된 객관적 인식의 방해물이 풍요로운 정신문화와 심지어 행복의 근원으로까지 간주된다. 바슐라르에 의해 이미지와 상상력의 가치가 드높아진 것이다.

이러한 태도 변화를 '상상력의 코페르니쿠스적 전환'이라고들 한다. 그러나 푸코의 관점에서는 이 전환도 역시 칸트의 경우와 마찬가지로 프톨레마이오스로의 회귀다. 왜냐하면 인간의 주관적인 내면에서 객관적 인식의 여건이나 요인을 찾는 쪽으로 넘어가기 때문이다. 비록 과학 지식을 왜곡하는 요소라는 부정적인 견해에서이지만, 애초에 인간 내면의 무의식이 거론된다는 점 자체가 이러한 경도(傾倒)의 가능성을 내포하고 있다고도 볼 수 있다. 바슐라르의 상상력 연구도 역시 감성·지성·이성에서 이미지와 상상력으로 중심이 이동하기는 했지만 여전히 일종의 인간학주의에 머물러 있다.

그렇지만 바슐라르의 입장은 상당히 애매하다. 그는 객관적 인식으로의 접근을 반대하는 입장이 아닌 것으로 보인다. 과학적 인식에서 연구자 개인 또는 연구 집단의 주관적인 이미지와 상상력 그리고 무의식의 간섭을 인정하자는 정도의 주장인지도 모른다. 이는 과학사에 대한 그의 입장에서도 확인된다. 바슐라르는 과학의 연속적인 진보를 믿지 않는다. 과학사에서 어떤 단절을 인정하는 바슐라르의 입장은 푸코에게서도 분명히 드러난다. 코페르니쿠스의 지동설 이전, 코페르니쿠스에서 뉴턴까지, 아인슈타인의 상대성 이론 이후라는 바슐라르의 시대구분도 시대들 사이의 단절에 근거하여 이야기된다.

그러면서도 일정 부분 연속성의 여지를 남긴다. 단절하기는 하되 이전의 과학정신을 새로운 과학정신이 감싸는 식으로 과학사가 이어진다는 것이다. 가령 뉴턴의 만유인력과 아인슈타인의 상대성 이론은 인식의 바탕이 상이하지만 그렇다고 전자가 오류라고 주장하지는 않는다. 다만 만유인력이 들어맞는 영역이 있고 상대성 이론이 들어맞는 영역이 있는데, 전자는 후자에 포함된다는 것이다.

바슐라르의 과학사는 불연속과 동시에 연속의 측면을 갖는다. 반면에 푸코의 에피스테메는 시대별로 그저 바뀌기만 한다. 어떤 이유에서인지는 불분명하지만 서로 무관한 듯이 불현듯 바뀌어 있는 어떤 것이다. 게다가 바슐라르의 인식론적 단절에서는 인간적 요소가 인식의 주요한 요소로 고려되는 반면에 푸코의 에피스테메에서는 인간이 배제되고 대신에 인간이 산출하는 담론에 인식의 선험적 여건이 놓여 있다. 인간적 요소에 대한 입장의 차이에서 두 철학자의 길이 갈린다.

토머스 쿤의 패러다임 개념은 무엇보다도 어느 시기에 사물과 사건을 보는 방식이다. 보편적으로 인정된 과학적 발견들 자체라고도 볼 수 있다. 왜냐하면 이것들이 사물과 사건에 관한 일관성 있는 해석 방식을 제공하기 때문이다. 대부분 연구자들이 이를 받아들임으로써 이것이 특정한 시기의 패러다임으로 구실하기에 이른다. 대표적인 패러다임 변화는 프톨레마이오스의 천동설과 코페르니쿠스의 지동설, 뉴턴 역학과 아인슈타인의 상대성 이론 사이에서 일어난 것이다. 각각의 경우에서 전자가 후자로 교체되기 위해서는 새롭게 제안된 모델이 이전의 모델이 직면한 인식의 난점을 극복할 수 있어야 한다. 또한 이전의 모델을 의문시하기에 충분한 견고성을 가져야 한다. 그래야만 과학 공동체로 확산되어 새로운 패러다임으로 자리 잡을 수 있다.

패러다임은 시기별로 다르고 사회 집단에 따라 다르다. 이 개념은 역사성과 동시에 집단성을 갖는다. 패러다임 개념의 등장으로 과학적 진리는 이제 과학 공동체 내에서의 잠정적인 합의에 지나지 않게 된다.

물론 토머스 쿤은 과학이 단선적으로 진보한 것은 아니라고 주장한다. 과학의 점진적인 발전을 부정하고 과학이 패러다임의 교체로 혁명적으로 변화한다는 그의 주장은 상당 부분 푸코가 역설하는 에피스테메들 사이의 불연속과 교체를 떠올리게 한다. 쿤의 '공약 불가능성'이란 개념도 역시 패러다임이 다르면 해결해야 할 문제도 문제 해결의 방식도 달라진다는 단절의 주장이다.

그렇지만 쿤의 패러다임 개념에는 과학자 집단이 비록 패러다임에 종속되어 있다고는 하지만 엄연히 과학 연구의 주체로 설정되어 있다. 그런 만큼 인간적 요소가 절대로 배제되지 않는다. 쿤의 '정상 과학'이란 개념도 역시 푸코가 말하는 시대별 지식과 유사점이 없지 않지만 이것 역시 어느 시기의 패러다임에 입각하여 과학자들이 정상적으로 행하는 연구활동을 가리킨다. 패러다임이란 용어는 본래 사람들이 따라야 할 본보기·범례(範例)·전범(典範)의 의미를 갖는 만큼 과학자들이라는 인적 요소를 사전에 이미 전제하고 있는 개념이다.

패러다임은 어떻게 정해지는가? 어느 한 과학자 앞에 선험적으로 주어지는 것이다. 그러나 새로운 패러다임은 정상 과학에서 벗어나거나 기존의 패러다임으로는 설명되지 않는 변칙 현상들에 주목하는 일단의 과학자들에 의해 서서히 형성되다가 더 폭넓은 과학자 집단으로 퍼지면서 확립되는 것이다. 패러다임은 연구자들이 공유하는 구체적인 모델의 구실을 한다. 패러다임에 따라 과학 연구의 집단적 수행이 이루어진다. 패러다임은 일단의 실천 규칙이다. 이 개념에는 공동체에 의한 공유와 준수의 관념이 내포되어 있다.

푸코는 바슐라르나 쿤과는 달리 과학자의 무의식이나 과

학자 집단의 동향을 고려하지 않는다. 푸코의 에피스테메 개념에는 인식의 주체가 아예 배제되어 있다. 이 개념은 어느 특정한 시대에 갖가지 유형의 담론을 연결하는 일단의 관계를 가리킨다. 이 개념에 대해 푸코는 "내가 한 시대의 '에피스테메'라고 부르는 것을 구성하는 것은 과학들 사이나 상이한 과학 담론들 사이의 모든 관계 현상"[8]이라고 규정한다.

우선 다양한 과학 담론이 있고 그것들 사이의 거리·차이·대립이 문제된다. 그러므로 쿤의 패러다임과는 달리 에피스테메는 하나의 단일한 체계가 아니다. 인식의 총합도 아니고 일반적인 연구 방식도 아니다. 그러므로 패러다임 개념보다 훨씬 더 종잡기 힘들다. 지식 담론들 사이의 관계 전체, 관계들의 체계, 담론들 사이에서 짜이는 필연성의 망으로 푸코가 가리키는 것은 무엇일까? 에피스테메는 우선 시간의 관념을 내포한다. 시대별로 다르다. 시간의 흐름에 따라 많은 변형이 일어나고 급기야는 새로운 에피스테메로 교체된다.

그렇지만 에피스테메는 시간 개념이라기보다는 오히려 어떤 공간 개념처럼 보인다. 그 안에서 과학 담론들이 흩어지고 모인다. 다양한 담론이 서로 관계를 맺는 방식은 이 공간의 지형에 의해 결정된다. 특정한 시대의 에피스테메 공간에서 특정한 지식이 산출되어 나온다. 에피스테메 공간의 생김새에 따라 인식의 형식과 지식의 유형이 정해진다.

따라서 산출된 지식에는 에피스테메라는 공간의 흔적이 남아 있기 마련이고 역으로 지식에서 에피스테메 공간의 생김새를 알아낼 수 있다. 주물(鑄物)을 보고 주형(鑄型)의 모양새를 알아볼 수 있는 것과 같은 이치다. 요컨대 푸코의 에피스테메 개념은 특이한 공간이다.

칸트의 비판철학에서 시간과 공간은 감성의 형식이다. 이 형식에 따라 지각이 이루어진다. 푸코의 에피스테메는 마치 칸트가 지각의 선험적 여건으로 규정한 감성의 형식인 시간과 공간을 인간 바깥으로 옮겨놓은 것 같은 개념이다. 어쩌면 어느 한 시대의 지식이 배치된 공간 자체가 에피스테메이고 에피스테메에서 지식이 태어난다고도 말할 수 있다. 이 경우 에피스테메는 플라톤의 '코라' 개념과도 일맥상통한다.

『티마이오스』에서 플라톤은 존재를 세 가지로, 즉 비가시적이고 한결같은 부동의 존재, 움직이고 변화하는 존재, 사물에 일정한 장소를 마련해주는 존재로 구분한다. 이 세 번째 존재가 바로 '코라'다. 첫 번째 존재는 영원한 부동의 실체로서 관념적 형상 또는 이데아이고 두 번째 존재는 동물이나 나무 같은 감각적 사물이다. 이것 중에서 전자는 후자의 본보기나 모델, 즉 패러다임이 된다. 후자는 전자를 분유(分有)한다. 다시 말해서 전자의 성질을 띤다. 가령 하나의 아름다운 사물에는 절대적인 아름다움 또는 아름다움의 이데아가 일정 부분 내포되어 있다. 사물은 이데아의 이미지다. 이 양자 사이에는 닮음의 관계가 있다. 그것은 원본과 사본의 관계와도 같다.

세계의 기원에 관한 이야기인 『티마이오스』에서 조물주는 일종의 보편적인 건축가로서 이처럼 관념적 패러다임을 본떠서 감각적 존재를 지어낸다. 패러다임과 사물 사이의 관계는 아버지와 자식의 관계와 같다. 사물에 관해 플라톤은 아버지(모델)와 어머니(코라) 사이의 중간자 또는 혼합체라고 말한다. 이 중에서 어머니(코라)는 아들(사물)처럼 감각적이지도 아버지(모델)처럼 관념적이지도 않다. 조물주가 관념적 패러다임들에 따라 창시한 세계의 질서에 선행한다.

이러한 코라의 정체는 이미지와 비유를 통해서만 드러난다. 가령 어머니에 비유하기도 하고 감각적 존재의 그릇이나 자궁 또는 유모 등에 빗대기도 한다.[9] 이 이미지들 중에서 어떤 것도 코라의 정의에 온전히 부합하지는 않는다. 코라는 모든 자국을 받아들이지만 어떤 자국도 전유하지 않는다. 때에 따라 다른 양상으로 나타난다. 일반적으로 장소·공간·미경작지·공터·토지·도시 인근의 시골·바다·황야·숲·영토·모국 등이 모두 코라일 수 있다.

그런데 코라의 기능은 무엇인가? 『티마이오스』에는 이를 넌지시 알려주는 이미지가 하나 있다. 다른 이미지들은 모두 장소나 공간인 반면에 이 이미지에서는 코라의 기능이 분명히 드러난다. 코라가 체에 비유되어 있다. 체는 곡물을 고를 때 쓰는 도구다. 망의 작은 구멍들을 통해 쭉정이는 빠져나가고 알곡이 남는다. 좋은 씨앗을 골라내고 파종하는 데에도 사용된다.

코라는 요소들을 선별하고 위치시키는 기능을 갖는다.[10] 코라가 맡는 거름망의 기능은 공간이나 장소 자체가 요소들의 선별과 배치를 실행한다는 것을 암시한다. 코라에 의한 선별과 배치의 작용은 인간의 비판과 판단이 조금도 개입하지 않는 상태에서 이루어진다. 마치 코라 자체에 가치의 유무, 좋은 종자와 나쁜 종자, 유사한 것과 상이한 것을 결정짓는 기준이 있는 듯하다.

푸코가 자신의 에피스테메 개념에 관해 제시한 정의(定義), 즉 "과학들 사이나 상이한 과학 담론들 사이의 모든 관계 현상"에는 공간에 의한 요소들의 선별과 배치가 함축되어 있다. 에피스테메는 궁극적으로 선별과 배치의 공간인 것이다. 어느 한 시대의 지식 담론 때문에 추정될 수 있을 뿐일지라도 결코 지식 담론보다 나중에 생겨난 것이 아니다. 에피스테메의 공간은 인간의 인식보다 먼저 존재한다. 그래서 이 공간의 지형은 인간의 인식에 대해 선험적 여건으로 구실하게 된다.

이는 플라톤의 정치적 코라에 의해 더욱 분명하게 예시될 수 있다. 『티마이오스』의 코라 개념이 체와 둥지에 비유되고 좋은 곡식과 나쁜 곡식의 분리 및 배치를 실행하는 것과 마찬가지로 아테네의 정치적 코라도 아테네의 영토, 즉 코라 자체에 입각하여 나쁜 종자를 축출하고 좋은 종자에 자리를 내준다. 가령 솔론의 나라 아테네에서는 "인간 중에서 가장 낮고 가장 아름다운 종족"이 태어났고 '그들의 종자'가 보존되어 이어진다.[11] 여기에는 그들을 선별하거나 낳는 것이 영토로서의 코라라는 논리가 깔려 있다.

이 경우에도 역시 코라 자체가 가치와 선별의 기준으로 구실한다. 공간이 인간에 선행한다. 그러면서 인간을 받아들이고 인간에게 중심적인 자리를 내준다. 그러므로 코라는 무엇보다도 먼저 좋은 것과 나쁜 것, 인간과 동물 등을 분리하고 선별하거나 배제하는 지형의 구조다. 이에 따라 공동체 또는 집단에 소속할 수 있느냐 그렇지 않으냐를 결정한다. 코라는 또한 자기 정화의 기능을 지니고 있다. 이 기능의 관점에서 볼 때 일정한 무리를 포함하는 모든 공간, 모든 집단적 장소는 코라라고 말할 수 있다. 코라는 민족이나 국가 또는 교육기관이나 정당 등으로 구현될 수 있다.

1970년대에 푸코의 관심사가 지식에서 권력으로 옮겨가면서 에피스테메 개념은 버려진다. 그 대신에 장치 개념이

들어선다. 지배 구조가 집중적인 탐구의 대상으로 떠오르고 이에 따라 담론이 아닌 대상, 예컨대 관행·전략·제도 등이 논의의 중심으로 자리 잡게 되면서 더 폭넓은 개념이 필요했을 것이다. 장치는 담론뿐만 아니라 훨씬 더 다양한 비-담론도 포괄하기 위해 고안된 개념이다. 이제 에피스테메는 담론에만 한정된 장치가 된다.

실제로 푸코는 경우에 따라 권력장치·지식장치·규율장치·성생활 장치 등의 용어를 사용한다. 장치는 이질적인 집합이다. 여기에는 담론·제도·건축 정비·각종 규정과 법률, 과학적 언표(言表), 철학적이거나 도덕적인 제안 등 잡다한 것, 예컨대 말해진 것과 말해지지 않은 것이 다 같이 포함된다. 장치는 이 모든 요소로 짜인 망(그물)으로 규정된다. 여기에서 그물은 기능이 체와 유사하다. 그물이나 체는 뭔가를 거르고 나누는 데 쓰인다. 쓸데없는 것은 빠져나가고 유용한 것만 선별하고 배치하는 도구다.

이 기능의 관점에서 보자면 장치도 여전히 코라의 특성을 갖는다. 이른바 권력의 계보학도 지식의 고고학과 마찬가지로 어떤 주제의 시대별 선험적 여건이나 가능 조건, 즉 경계 또는 한계와 선별의 필연적이고 동시에 허구적인 특징을 내보이는 장소를 탐색하기 위한 선험론인 것이다. 푸코의 여러 저서에서 역사적 아프리오리(선험성)라는 모순적인 관념은 그가 만들어낸 두 가지 대표적인 개념, 즉 에피스테메와 장치의 개념이 특별한 공간의 개념이라는 점에 비추어서만 제대로 이해될 수 있다. 그 장소 또는 공간이 처음에는 에피스테메라는 명칭으로 불리다가 나중에는 장치라는 이름으로 바뀐 것이다.[12] 물론 명칭만 달라진 것은 아니지만 에피스테메나 장치나 모두 선별과 생성의 공간[13]이라는 점에는 차이가 없다.

V. 인문과학의 여백과 출구

『말과 사물』은 연대순이 아니라 책의 한가운데에 놓인 서양 문화의 깊은 단층으로부터 짜인 것 같다. 이 단층의 형성으로 인해 18세기와 19세기의 전환기에 고전주의적 지식의 단일성이 붕괴하고 근대적 지식이 새로운 질서의 공간에 배치되기에 이른다. 오래지 않아 이 새로운 배치의 공간 한가운데에 인간이 자리를 잡게 된다. 왜 이 변화의 문턱을 책의 출발점으로 볼 수 있는가? 이 문턱을 중심으로 푸코의 분석들을 정확하게 두 부분으로 나눌 수 있기 때문이다. 고전주의적 지식은 제3~6장, 근대적 지식은 제7~10장에 배치된다. 각각 네 개의 장에 걸쳐 서술되어 있다.

그런데 맨 앞의 제1~2장은 르네상스 시대의 지식에 할애된다. 르네상스 시대와 고전주의 시대 사이의 단절은 비교적 소상하게 설명되어 있다. 제2장 '세계의 산문'에서 설명된 닮음의 질서가 재현의 질서로 대체되는 과정이 『돈키호테』의 분석을 통해 구체적으로 드러난다. 반면에 근대의 말단에서 오늘날 생겨나고 있는 단절에 관해서는 따로 장이 마련되어 있지 않고 다만 마지막 대목에서 언어의 귀환과 인간의 소멸이 '결론을 대신하여' 예견될 뿐이다. 이러한 약간의 불균형이 생겨난 것은 현재 진행형인 단층 형성에 관해서는 회고적으로나 거리를 두고 바라보기가 어렵기 때문이다. 그렇지만 한가운데의 불연속이 이 책의 출발점이라는 점에는 변함이 없다.

다른 한편으로 『말과 사물』을 현재로부터의 비판적 연구로 볼 수도 있다. 사실 이 책의 구상에는 저자 자신이 서문에 밝히고 있듯이 보르헤스1가 언급한 중국백과사전의 괴상한 분류가 출발점으로 작용한다. 이 분류는 어떤 원칙도 규칙도 없다. 어처구니없다는 생각만을 불러일으킨다. 가령 '향기로운 것, 길들여진 것, 인어(人魚), 수없이 많은 것, 방금 항아리를 깨뜨린 것' 등이 '지금의 분류에 포함된 것'2이라는 한가운데의 여덟 번째 항목을 중심으로 마구잡이로 나열되어 있다. 푸코는 이 분류를 접했을 때의 웃음과 불편함에서 책이 구상된 것이라고 분명히 밝힌다. 푸코는 이 분류를 접하고 폭소를 터뜨린다. 그리고 병치를 위한 자리가 없고 나열을 위한 공통의 장소가 없음에 불편함을 느낀다. 푸코 자신의 말에 따르면 이 폭소와 불편함이 『말과 사물』의 탄생 장소다.

보르헤스의 텍스트에서 푸코는 분류의 가변성을 꿰뚫어 본 듯하다. 당연한 것으로 받아들여지고 있는 현시대 지식도 자의적이고 얼마든지 바뀔 수 있다는 확신이 보르헤스의 텍스트를 통해 푸코에게 다가온 것이다. 이로부터 시대별로 분류 방식이 달랐을 것이라는 직관을 얻은 것이 틀림없다. 이와 더불어 지식의 층위에서 이른바 현재의 역사를 쓰려는 의도가 생겨났을 것이다. 과연 에피스테메가 교체되는 각 문턱에서마다 현재의 상황에 대한 푸코의 비판적 전망이 드러난다. 이로써 푸코의 분석은 단순하고 연속적인 설명의 논리에만 머무르지 않고 입체화된다.

서문의 처음 부분부터 푸코는 현재의 사유를 문제시한다. 보르헤스의 중국백과사전은 현재의 사유가 갖는 한계를 드러낸다. 현재의 사유에 대해 배경의 구실을 하는 질서의 공간이 진단의 대상으로 떠오른다. 고고학의 비판적 차원은 역사에 대한 관심과 맞물려 있을 뿐만 아니라 현재의 상황에 대한 진단의 노력과도 밀접한 관계가 있다.

『말과 사물』에서 푸코의 궁극적인 의도는 겉보기에 일말의 움직임도 없는 것 같은 현재의 표면 아래에서 현시대 지식의 허울뿐인 견고성과 자명성, 가령 학문 분야의 분산과 상호 배타적인 경향, 기존의 인간학주의를 답습하는 연구의 만연 등을 침식하고 뒤흔드는 불안정성, 단절의 형성을 명백하게 밝히고 적극적으로 맞이하고자 하는 것이다. 보르헤스의 이질 공간과 마주쳐 폭소를 터뜨리고 동시에 불편해한다는 점에 이미 다른 질서의 공간에 대한 열린 태도가 함축되어 있다.

　푸코의 의도는 『말과 사물』의 부제(副題)가 가리키듯이 '인문과학의 고고학'을 실행하는 데 있다. 그런데 인문과학의 고유한 공간은 고전주의적 재현의 공간이 결정적으로 닫혔을 때 열린다. 현재의 인문과학에 대한 비판적 분석은 현재의 역사로 이해된 고고학의 일반적인 목적에 부합한다. 여기에서 핵심적인 고려사항은 에피스테메들의 연속적인 전개가 아니다. 그보다는 오히려 최근의 사건, 생생하게 일어나고 있는 단절, 아직 분명하지는 않지만 현재에 대한 고고학적 시선의 가시권에 들어온 문턱이다. 이 문턱이 바로 인문과학의 고고학인 『말과 사물』의 진정한 출발점이다.

　사실 인문과학의 고고학은 인간이라는 지식의 중심이 소멸하는 시점으로부터, 근대성이 잠겨 있는 '인간학의 잠'에서 현재의 지식이 깨어나면서 비로소 가능해진다. 이 점에서 『말과 사물』의 서문이 웃음에서 시작되어 불편함으로 끝나는 이유를 이해할 수 있다. 웃음은 새로운 사유의 가능성에 기인하고 불편함은 고고학적 연구에 힘입어 근대성에서 벗어나 낯선 질서의 공간 속으로 들어서면서 생겨날 거북함과 다르지 않다. 푸코에게 보르헤스의 글은 근대적 지식의 표면에 벌어진 빈틈이다. 이 빈틈으로부터 근대성의 고고학이 가능해지고 요구되기까지 한다.

일반적으로 자신이 사로잡혀 있는 사유의 공간에서 자기 주도로 완전히 빠져나오는 것은 아마도 거의 불가능할 것이다. 자기 자신의 사유가 불가피하게 종속된 지식체계에 대한 진단은 이 지식체계의 어떤 여백에서만 가능하다. 이 장소에서야 비로소 차분한 거리두기와 괴로운 이의제기가 이루어질 수 있다. 그래야만 현재의 진단에 비판적인 관점이 따라붙고 이탈의 힘이 부여될 수 있다.

인문과학의 고고학은 이 여백의 식별과 밀접한 관계가 있다. 이 식별의 기준은 인간과 역사의 제약 아래에서와는 다르게 사유하기가 가능한가다. 인문과학의 고고학은 인문과학이라는 특별한 유형의 지식이 인식론적으로 구성된 양태와 역사적으로 가능하게 된 조건을 드러내고자 하는 기획이다. 이 기획의 가능 조건은 인문과학의 여백에 자리를 잡은 정신분석학·민족학·언어학이라는 대항-과학의 존재, 그리고 이 여백의 여백이라고나 할 공간, 현시대의 문학에 의해 열린 공간의 존재. 인간학 중심의 근대 에피스테메에 대한 이의제기는 이 대항-과학들에 의해 시작되고 현시대의 문학 공간으로 완결된다. 이를 통해 근대 에피스테메의 한계가 서서히 드러난다. 이 한계의 식별은 거꾸로 근대성의 고고학적 분석을 가능하게 하고 근대성의 임박한 변형에 관해 사유할 계기로 작용한다.

이른바 '인간의 죽음'은 푸코의 입장을 간편하게 나타내는 편리한 구호로 축소된 감이 없지 않다. 그러나 따지고 보면 이것도 인간학의 독단에 더 이상 종속되지 않을 대안적 사유의 가능성을 의미한다. 니체에의 참조도 편협한 인본주의에 맞세울 철학적 대항-준거이다. 이 대항-준거는 대항-과학들 및 현시대 문학의 대항-담론과 더불어 인문과학에 대한 이의제기로 귀착한다. 이것들은 모두 인간이 없어진 공백에서 사유하기를 지향한다.

이는 자명성의 토대인 '공통의 장소'[3]가 부재하는 한계의 경험이다. 따라서 인간의 죽음은 근대 인간학주의로부터의 탈주지점이자 근대적 지식의 소실점이다. 여기로부터 비로소 인문과학의 고고학이 실행될 수 있다. 요컨대 인문과학의 고고학도 역시 푸코에 특유한 두 방향으로 진행된다. 그것은 인문과학의 역사적 가능 조건에 대한 분석임과 동시에 인문과학이 유지되는 에피스테메로부터의 비판적 이탈이다.

근대의 지식 공간에서 인문과학의 위치를 파악하는 과제와 관련하여서는 현시대의 대항-과학들, 즉 정신분석학·민족학·언어학과 문학 언어의 경험이 관찰의 거점이 된다. 이 거점에 입각하여 푸코는 인간이 특별하게 취급되지 않는 여러 지식의 형태와 경험의 양태가 인문과학의 여백에서 언어학 패러다임을 중심으로 펼쳐지는 양상을 자세히 살핀다. 이에 따라 인간을 대상으로 한 해체와 소멸의 조건이 드러난다. 이처럼 인문과학의 고고학은 현시대의 사유를 잠재우는 인간학적인 독단에 대한 이의제기다.

이 이의제기는 우선 인문과학이 자리하는 일반적인 에피스테메의 틀을 분석하는 것으로 출발한다. 인문과학의 출현은 근대 에피스테메의 일반적인 재배치로 인한 결과이기 때문이다. 이 재배치 때문에 재현의 이론과 담론의 단일성이 사라지는 시기에 인간이 생명·노동·언어의 가능한 토대로서 등장한다.

근대 에피스테메의 공간에는 고전주의적 지식을 특징짓는 단일성과 동질성이 결여되어 있다. 고전주의적 지식을 자족적인 것으로 성립시킨 재현과 '보편적 마테시스'[4]가 근대적 지식에는 통용되지 않는다. 근대적 지식은 완벽한 수학화의 이상을 따르지 않는다. 그렇기는커녕 세 가지 주도적인 축에 의해 열리고 분산된 구조를 내보이는데, 그것들은 연역법과 수학에 기반을 둔 자연 과학, 생명과 언어 그리고 노동을 중심으로 한 경험 과학, 유한성의 사유에 의해 형성된다.

이 근대적 지식의 3면체[5]는 근대 에피스테메의 일반적인 도식이다. 이 도식에서 인문과학의 위치는 특정하기가 쉽지 않다. 인문과학은 결코 자율적이지 않고 본질적으로 불안정하다. 왜냐하면 인문과학은 지식의 다른 층위와 관련해서만 규정되기 때문이다. 다시 말하자면 인문과학은 지식의 다른 층위에 종속되어 있다. 인문과학은 근대적 지식의 3면체를 형성하는 세 가지 축 사이의 교차 평면에 자리한다. 인문과학은 다른 지식 형태들, 예컨대 정밀과학이나 경험과학에 더 부살이하는 지식체계다. 또한 생명·노동·언어의 실증적인 작용과 기제를 이중화하는 과학이다. 이미 성립된 지식이 인문과학에 의해 재현된다. 재현에 의한 이중화는 인문과학의 근본적인 특징이다.

재현을 통해 실증적 지식을 이중화한다는 것은 실증적 지식에 대해 뒤로 물러난다는 것을 의미한다. 인문과학은 실증적 지식에 의존하지만 실증적 지식의 차원으로 합류하기는커녕 실증적 지식의 재현을 다룸으로써 실증적 지식으로부터 멀어진다. 인문과학은 생물학·경제학·문헌학에서 인간에 관해 파악된 실증적 지식과 상이한 이차적이고 부차적인 과학이다. 인문과학은 실증성의 차원이 아니라 실증적 지식에 대한 재검토의 차원에 속한다. 재현에 의해 뒤로 물러섬으로써 재검토를 위한 거리가 생겨난다. 그러므로 인문과학의 지식은 인간에게 직접적으로 작용하지 않는다. 이는 인문과학이 실증적 지식의 경험 내용에 대한 분석이 아니라 이것의 재현에 대한 분석이기 때문이다.

인문과학에서는 고전주의적 지식에서처럼 재현이 우위를 차지한다. 그렇지만 고전주의적 지식에서와는 달리 재현이 지식의 산출에 원리로 구실하지 않고 산출된 지식에 적용되어 이것의 이중화에 지나지 않는 이차적인 지식을 산출한다. 인문과학은 실증적 지식을 산출하기는커녕 기껏해야 실증적 지식에 관한 견해나 주장 또는 해석을 제안할 뿐이다.

생물학·경제학·언어의 연구는 인문과학이 아니다. 이것들은 인간에 관한 경험적 분석(경험과학)의 영역을 이룬다. 그러나 이것들을 모델로 하여 생겨난 심리학·사회학·문학과 신화의 연구는 인문과학의 영역에 속한다.

우선 심리학의 대상은 인간이 생존 조건 속에서 살아가는 것에 대해 인간이 스스로 만들어 갖는 재현이다. 다음으로 사회학의 적용 지점은 인간이 사회-경제 활동에 대해서나 다른 인간과의 관계에 대해 인간 자신이 만들어내는 재현이다. 끝으로 문학과 신화의 연구에서 분석 대상은 인간이 행위나 담론을 통해 산출하는 기호 전체에 인간이 관련되는 방식이다.

근대 에피스테메의 주축을 이루는 생물학·경제학·문헌학은 살고 일하고 말하는 인간의 실증적 기능들을 직접 분석하지만 인문과학은 인간의 실증적 기능들이 재현의 차원으로 투사된 것, 즉 이 기능들의 재현을 다룬다. 생명·노동·언어의 객관성을 설명하기 위한 지식을 인간이 어떻게 인식하는가 하는 문제로 탐구의 관건이 옮겨간다.

이처럼 근대 에피스테메의 세 가지 주요한 인식 영역은 재현을 통해 인문과학의 세 가지 주요 분야를 낳는다. 이 점에서 생물학·경제학·문헌학은 인문과학에 대해 구성 모델의 구실을 한다. 인문과학은 탐구의 대상에서뿐만 아니라 방법에서도 이 실증 영역들의 더부살이 과학이다.

인문과학의 구성 모델들은 서로 경합한다. 어떤 시기에는 생물학 모델이 절대적인 영향을 미치고 어떤 시기에는 경제학 모델이 널리 퍼지고 또 어떤 시기에는 문헌학과 언어학 모델이 광범위하게 적용된다. 각 지배적인 모델에는 콩트·마르크스·프로이트와 구조주의가 상응한다. 인문과학의 최근 역사를 보면 위의 순서대로 인문과학의 중심적인 구성 모델이 된다. 그리고 각 구성 모델에 세 가지 구성 짝패가 작용한다. 그것들은 차례로 기능/규범, 갈등/규칙, 의미작용/체계다.

이 짝패들 역시 인문과학의 구성에서 모델이 되는 영역들의 점진적 변화에 따라 변동이 일어난다. 즉, 기능, 갈등, 의미작용이 물러나고 규범, 규칙, 체계가 떠오른다. 이 변동은 인문과학의 최근 역사를 결정하는 요소다. 이 변동으로 말미암아 구조주의적 대항-과학들이 성립한다. 이에 따라 지식의 공간에서 규범·규칙·체계의 무의식적 차원이 인식 주체로서의 인간을 밀어내기 시작한다.

인문과학에서 구성 모델들의 변전(變轉)은 언어의 문제에 대한 새로운 관심과 상관관계가 있다. 예컨대 정신분석학에서 언어는 무의식으로의 우선적인 접근로다. 정신분석학은 무엇보다도 먼저 말을 통한 치료다. 라캉은 무의식에 대해 '하나의 언어처럼 구조화되어' 있다고 규정한다. 이처럼 인문과학에서 언어학 모델이 지배적인 것으로 떠오르고 기능-갈등-의미작용의 계열에 대해 규범-규칙-체계의 계열이 점진적으로 우위를 차지하게 되면서 무의식이 점점 더 중요해진다. 프로이트의 등장과 인문과학의 변화 사이에는 긴밀한 관계가 있다.

『말과 사물』에서 정신분석학은 인문과학에 대한 문제화·비판·이의제기의 특성을 부여받는다. 정신분석학으로 말미

앎아 인문과학의 영역 전체가 내부로부터 요동친다. 규범·규칙·체계에 중요성이 부여되는 역사적 변동의 결과로 인간이 아니라 무의식의 차원이 인문과학의 고유한 대상으로 나타난다. 특히 체계는 언제나 무의식적이다. 체계는 의미작용 이전에 이미 존재하기 때문에 직접적으로 파악될 수 없다. 체계는 인식에 대해 일종의 선험적 여건으로 구실을 한다. 이는 정신분석학에서보다 민족학에서 더욱 두드러진다. 왜냐하면 체계가 전자에서는 인간 내부의 무의식 구조지만 후자에서는 인간 외부의 문화 구조이기 때문이다.

인문과학은 재현의 차원을 떠나지 않고서 의식적인 것에서 무의식적인 것으로 나아간다. 즉, 언어의 의미작용이라는 의식적 재현에서 이 재현을 가능하게 하는 체계—무의식의 재현으로 거슬러 올라간다. 이것들을 통해 무의식의 담론은 '사유되지 않은 것'의 담론으로 제시된다. 근대적 지식과 사유에 대한 정신분석학의 관계는 고전주의적 지식과 사유에 대해 칸트 철학의 관계와 유사하다. 정신분석학은 근대적 지식과 사유가 인문과학이라는 재현의 공간 밖으로 물러나는 데에 일조한다.

인문과학에 대한 이의제기는 정신분석학에 의한 무의식 담론의 재규정을 통해서 뿐만 아니라 인문과학과 역사 사이의 관계에 대한 비판적 분석을 통해서도 실행된다. 이 비판적 분석은 현시대의 민족학에 의해 이루어진다. 정신분석학의 이의제기가 무의식의 주제에 대한 인문과학의 관계가 분석됨으로써 이루어질 수 있었듯이, 민족학이라는 대항-지식의 특수한 위치는 인문과학에 대한 역사의 관계가 사전에 해명됨으로써 분명하게 밝혀질 수 있다. 정신분석학이 인간에 관한 지식을 사유되지 않은 것, 즉 인간에 관한 지식을 불가능하게 하면서도 인간에 관한 지식의 유일한 근거가 되는 것에 귀착시키듯이, 민족학은 인문과학에 대한 역사의 비판적 이의제기 기능을 역사의 차원에 되돌려준다.

한편으로 민족학은 역사성을 문화의 사유되지 않은 것으로 나타나게 한다. 역사성은 여러 문화의 특이성과 차이를 보장한다. 다른 한편으로 민족학은 재현의 역사적 성립이 재현의 견지에서는 사유될 수 없다는 구조적 양태를 분명히 밝힌다. 그럼으로써 재현을 문제시한다. 이는 기능-갈등-의미작용이 규범-규칙-체계로 대체되는 동향에 의해 가능해진다. 전자는 개인과 집단의 재현을 낳지만 후자는 재현을 가능하게 하는 구조에 이른다. 민족학의 관건은 개인이 생명·노동·언어와 관련된 자신의 기능에 대해 만들어 갖는 재현을 설명하는 것이라기보다는 오히려 어떤 조건에서 재현이 가능한지, 무의식이나 역사의 영역에 속하는 어떤 구조적 제약 아래 각 문화가 전개되는가를 밝히는 것이다.

이처럼 푸코는 인문과학에 대한 정신분석학과 민족학의 이의제기를 높이 평가한다. 이에 따라 두 대항-과학 사이의 근본적인 상관관계가 두드러지게 된다. 요컨대 푸코의 분석은 정신분석학과 함께 민족학을 인문과학에 대한 이의제기로 만드는 둘 사이의 깊은 유사성과 대칭성을 밝히기에 이른다. 이 대항-과학들은 인문과학의 외부 한계를 나타내는 사유되지 않은 것에 근거하여 인문과학의 인식론적 구성 방식을 근본적으로 문제시한다.

그렇지만 정신분석학과 민족학 사이에는 무의식 개념의 이해가 엇갈린다. 프로이트는 무의식을 욕망의 억압에 비추어 이해하고 꿈을 억압된 욕망의 실현으로 여기지만 레비스트로스는 무의식을 억압된 욕망의 장소로 이해하지도 않고 무의식을 무의식의 재현 내용에 입각하여 바라보지도 않는다. 레비스트로스에게 무의식은 비어 있는 형식, 개인의 정신 현상을 넘어 집단생활의 발현 전체에 구조화 방식을 부과하는 순수한 체계다.6 친족체계·상징체계(신화)·경제생활의 형태가 순수한 구조 효과로 간주된다. 푸코가 보기에 민족학과 정신분석학은 맞물리고 동시에 어긋난다. 이 어긋난 맞물림이 무의식 개념의 동일성과 차이에 의해 입증된다.

이처럼 인문과학의 한계에서 구조주의적 지식의 현재적 공간이 열린다. 이는 근대적 지식 공간의 인간학적 지형이 변형되기 시작한다는 것을 말해준다. 이 변형 때문에 어느 문화 체계이건 무의식적 과정을 특징으로 갖는다. 무의식이 인간의 내면에서 나와 인간의 바깥에 자리한다.

따라서 문화의 구조를 겨냥하는 민족학은 인간이 지식 공간에서 사라질 가능성을 내포한다. 여기에 민족학과 정신분석학 사이의 본질적인 차이가 놓여 있다.7 문화 무의식은 결코 특정 집단의 재현 내용, 이른바 집단 무의식으로가 아니라 개인이나 집단 바깥의 형식 구조로 귀착한다. 형식 구조는 개인이나 집단에 속하지 않는다. 민족학에서 무의식은 바로 익명의 형식 구조다.

라캉이 언어에 빗대어 무의식의 구조를 이야기할 때에도 무의식은 익명의 체계로 여겨진 것이 분명하다. 그럴 경우 무의식은 인간 안에 놓여 있는 인간의 바깥, 자기 안의 타자라고 말할 수 있다. 이 타자의 담론을 통해 개인은 자기 자신의 객관적 구조에 접근한다. 이는 무의식 자체, 적어도 무의식을 이루는 상징체계가 객관화됨으로써 가능해진다. 이 구조적 또는 상징적 무의식의 지점에서 정신분석학과 민족학이 합류한다. 이 지점은 자아와 타자 사이의 다리와도 같은 것으로써 민족학과 정신분석학 사이의 소통 및 교차를 보장한다.

민족학과 정신분석학이 무의식의 차원에서 서로 맞물릴

수 있는 것은 언어학 패러다임의 대두에 기인한다. 언어학은 민족학과 정신분석학에 형식 모델을 제공한다. 이는 무엇보다도 무의식이 언어 같은 상징체계로, 인간의 바깥에 존재하는 실증적 구조로 구실을 하기 때문이다. 이에 따라 무의식적인 구조의 법칙이 밖으로부터 인간에게 부과된다.

이와 동시에 인간의 모든 인식을 위한 기본적인 구조가 무의식의 상징 영역, 즉 인문과학의 사유되지 않은 것에 의해 형성된다. 무의식이 언어와 같은 것이므로 무의식이라는 비-재현의 차원에서 민족학과 정신분석학이 맞물리게 된다. 이 맞물림의 배후에 언어학이 놓여 있는 것이다. 순수한 언어 이론이 무의식의 과학에 형식의 토대를 제공한 것이다. 그러므로 언어학은 형식화의 경향에 힘입어 결정적인 대항-과학의 구실을 한다.

끝으로 언어학의 대두는 언어의 존재라는 문제의 재래와 다르지 않다. 어떤 관점에서 보자면 인간과 언어의 교대가 언어학에 의해 다시금 관심의 대상으로 떠오른다. 인간의 형상은 근대성의 출현과 더불어 고전주의 시대에 재현의 틀이 된 담론을 대체한다. 고전주의적 지식을 낳는 재현의 에피스테메가 이로 인해 효력을 잃는다. 이제 현시대의 사유는 정신분석학·민족학·언어학이 상호보완적으로 맞물림에 따라 인간의 해체 쪽으로 기울어진 듯하다.

특히 언어학은 정신분석학이나 민족학보다 더 인간에 관해 말하지 않는다. 그저 상징적이고 무의식적인 익명의 구조화 방식을 인문과학에 부과한다. 다시 말해서 형식화의 방식에 의해 경험의 실증적 내용을 구조화하는 데 결정적인 역할을 한다.

1960년대에 근대의 인간학주의에 대한 이의제기의 여백을 가장 폭넓게 차지하는 것은 바로 언어학이다. 인문과학의 고고학은 다름 아닌 이 여백에 의해 촉발된 것이다. 인문과학의 출구에 대한 성찰도 바로 이 여백의 여백이라 할 수 있는 문학 언어의 공간에서 비로소 가능해진다.

VI. 문학 언어의 경험과
탈(脫)근대적 사유

『말과 사물』에서 푸코는 레몽 루셀에게 빚을 지고 있음을
드러내놓고 말한다. 그가 보르헤스의 글에서 읽은 중국백과
사전의 괴상한 분류를 언급하는 대목에서 이 부채가 언급된
다. 푸코는 루셀에게 도대체 무엇을 빚지고 있는 것일까? 보
르헤스와 루셀이 거의 동시에 언급되고 있다는 점에 비추
어 루셀에 대한 부채도 아마 보르헤스의 경우와 마찬가지로
『말과 사물』의 탄생과 깊은 관련이 있을 것이다.

『말과 사물』에서 푸코가 맞서고자 한 것은 서사의 리얼리
즘·주체의 철학·연속적인 역사의 진보·편협한 변증법적 합
리성 등이고 푸코가 발견하고자 한 것은 시대별 및 오늘날

의 지식에 선험적 여건으로 구실을 하는 어떤 것이다. 아마 루셀의 소설들이 이러한 목적에 일조할 어떤 통찰을 푸코에게 제공했을 것이다.

1960년은 푸코가 『광기의 역사』로 지적 모험의 신호탄을 쏘아 올린 해다. 또한 알베르 카뮈가 죽고 클로드 레비스트로스가 콜레주드프랑스의 교수로 취임한 해이기도 하다. 1960년을 기점으로 이른바 실존주의로 불린 어떤 인본주의적 전통이 단절된다. 카뮈의 급작스러운 죽음은 이 단절의 징표다. 1960년 이후로는 구조주의가 새로운 지적 동향으로 확고하게 자리 잡는다. 레비스트로스의 콜레주드프랑스 입성은 구조주의 정립의 확실한 증거다.

이 시기의 푸코로 말하자면 구조주의 세례를 받지 않았다고는 말할 수 없다. 푸코라고 해서 구조주의가 풍미하는 지적 분위기에서 완전히 자유로울 수는 없었을 것이다. 오늘날에도 여전히 구조주의의 역사에서 푸코는 레비스트로스·롤랑 바르트·라캉과 더불어 사두마차를 형성하는 인물로 평가받고 있다.

그렇지만 정작 푸코 자신은 구조주의자가 아니라고 기회가 있을 때마다 강조한다. 그가 구조주의자인지 아닌지를 따지는 것보다는 일단 그의 말을 곧이곧대로 받아들이고 무엇이 그를 구조주의에서 벗어나게 해주었을까 하는 문제를 제기해보는 것이 더 유익할 것이다.

이 문제는 푸코가 1963년에 펴낸『레몽 루셀』의 이해에 의해 풀릴 수 있다. 이 저서의 검토는 또한『말과 사물』의 이해에도 일조하리라고 기대된다. 왜냐하면『레몽 루셀』은『말과 사물』보다 고작 2년 앞서서 출간되어『말과 사물』의 발상으로 이어졌을 어떤 직관을 푸코에게 제공했을 것이라고 추정되기 때문이다. 이 저서에 의해『광기의 역사』에 무언가가 보태졌고 이로써『광기의 역사』의 쌍둥이 저서인『말과 사물』이 구상된 것으로 보인다.

『레몽 루셀』은 또한 같은 해에 발표된「위반에 붙인 서언」과도 밀접한 관계가 있는 것 같다. 이 글에서 푸코는 에로티시즘의 경험, 즉 악과 죽음의 경험을 강조한다. 이 새로운 문학 언어의 경험은 기존의 사유 방식에 대해 이의제기의 힘을 행사한다는 것이다. 이 점에서 바타유론은『말과 사물』에서 푸코가 루셀에게 빚지고 있다고 말한 것을 추정하는 단서가 될 수 있다. 이로 미루어 그것은 문학 언어와 사유의 관계에 대한 어떤 통찰일 것이라고 생각된다.

이 주제는『말과 사물』이 출간된 이듬해에 발표된 블랑쇼론, 문학 언어는 술책을 써서 죽음의 장소인 언어들의 섬을 스쳐 지나가야만 접할 수 있다고 강조한「바깥의 사유」로도 이어진다. 요컨대 푸코가 루셀에게 빚지고 있는 것은『레몽 루셀』「위반에 붙인 서언」「바깥의 사유」에 공통적으로 담겨 있는 독특한 언어관이라고 추정할 수 있다. 이 언어관에 대한 통찰이 『광기의 역사』의 직관, 즉 광기가 작품의 부재라는 모순적인 직관에 덧붙여짐으로써 비로소 『말과 사물』이 집필될 수 있었다고 볼 수 있다.

고고학 시기의 푸코로 말하자면 특이하고 어쩌면 편협할지 모르는 언어관이 사유에 지대한 영향을 미친다. 그에게 언어는 의사소통의 수단이라기보다는 오히려 거주할 장소다. 언어를 공간으로 보는 입장은 하이데거를 떠올리게 한다. 하이데거는 언어를 '존재의 집'으로 본다. 그에게 언어는 존재 개방의 공간이다. 존재에 대한 인간의 관계 자체다. 푸코가 문학의 경험을 통해 통찰하는 언어의 공간도 존재의 집과 유사하다. 그렇지만 언어와 인간을 똑같이 중시하는 하이데거의 경우와는 달리 푸코에게서는 언어의 존재가 더 강조된다. 언어와 인간이 반비례의 관계를 맺는다.

푸코에게 문학은 언어의 본질을 사유할 계기로 작용한다. 이러한 계기의 대표적인 사례가 바로 루셀의 작품들이다. 그가 보기에 문학은 미적 표현의 형식이 아니라 낯선 사유가 경험되는 공간이다. 그에게 사유의 탄생은 언어의 본질에 대한 성찰에 기인한다. 언어의 본질을 사유할 때 새로운 사유가 탄생하는 것은 거의 확실한 것 같다. 실제로 『말과 사물』

에서 역사상의 주요한 단절마다 새로운 에피스테메가 성립할 때에는 늘 언어의 존재가 문제된다.

이는 푸코 자신도 마찬가지다. 그가 새로운 단계로 도약하는 데에는 언어의 존재에 대한 직관이 작용한다. 『말과 사물』을 쓰기 직전에 그는 이러한 직관을 루셀에게서 얻는다. 푸코에 따르면 루셀은 언어의 존재를 사유하고 작품화하는 데 목숨을 건 작가다. 푸코가 보기에 언어의 존재를 사유한 루셀의 경험은 다른 어떤 경험에도 견줄 수 없는 절대다. 자신의 존재를 건 모험이다.

실제로 『레몽 루셀』에서 푸코는 언어가 인간보다 우선한다는 생각을 극단까지 밀고 나가고 이 주장의 근거를 찾아 나선다. 그가 『레몽 루셀』에서 발견하고자 하는 것은 언어 자체에 파여 있는 어떤 심연이다. 거기에는 충만한 의미가 감춰져 있는 것이 아니라 언어의 본질 자체가 놓여 있다. 루셀에 의해 실행된 문학적 실험은 바로 언어의 존재론이다. 루셀은 언어의 존재가 엿보이는 빈틈의 이해를 겨냥한다. 이 빈틈으로 어떤 비밀이 드러나는가? 이 비밀은 죽음 이후에야 풀린다. 그가 자신의 창작 방법에 관해 써놓은 글이 사후에 유언처럼 발표된다. 푸코에게 루셀은 사람과 글이 일체화되기 위해 사람의 생명이 대가로 치러지는 치명적인 글쓰기의 사례다.

〈그림5〉 프랑스 작가 레몽 루셀의 초상

　『광기의 역사』에서 푸코는 광기를 작품의 부재로 규정한다. 『레몽 루셀』에서는 그런데도 광기의 작품이 실재한다는 모순을 해결하고자 한다. 그렇지만 심리학자처럼 작품에서 광기의 증거를 끌어내려 하지는 않는다. 오히려 광기를 다시 작품 속으로 밀어 넣음으로써 작품과 광기의 일치 여부를 검토한다. 이 일치 여부는 작가의 죽음에 의해 입증된다. 작가의 죽음은 언어의 근원적인 솟구침을 위한 조건이다. 『레몽 루셀』에서 푸코는 루셀의 경우에 언어의 샘솟음과 작가의 죽음이 완벽하게 맞물린다는 것을 확인한다. 이를 통해 광기가 작품화되는 과정을 추적하면서, 광기는 작품의 부재라는 직관 자체로부터 역설적으로 작품과 광기 사이의 필연적이고 모순적인 관계를 끌어낸다.

광기는 작품을 배제하지만 작품은 광기를 증언한다는 이 모순적인 관계가 『레몽 루셀』에서는 언어의 존재를 매개로 확연한 것으로 바뀐다. 언어는 광기와 작품 사이에서 상호적인 소통의 장소가 된다. 『광기의 역사』에서는 광기가 작품의 부재라는 통찰에서 푸코의 사유가 더 나아가지 못한다. 이 통찰에 사유가 묶여버린다.

그런데 『레몽 루셀』에서 푸코는 언어의 존재를 확연하게 그려볼 수 있게 되고 이를 통해 광기와 작품이 일치할 수 있음을 확신하기에 이른다. 작가의 죽음은 이 일치의 필연적인 귀결이다. 언어의 존재가 온전히 구현되면 작가의 존재는 유명무실해진다. 언어의 존재가 완벽하게 드러나는 순간은 광기와 작품이 일체를 이루는 순간이다. 그때 개인이건 작가이건 인간을 위한 자리는 없다.

루셀의 이야기 자체는 단순하다. 이야기의 구도가 복잡하지 않다. 예컨대 『아프리카의 인상』은 아프리카 해안 근처에서 여객선이 난파하고 화자를 포함하여 조난당한 사람들이 탈루 7세의 군대에 의해 체포되고는 석방을 기다리면서 일련의 볼거리를 준비하고 공연한다는 비교적 간단한 줄거리를 갖는다. 그들은 공연 이튿날 풀려난다.

물론 서술의 순서는 이와 다르다. 일례로 축제가 느닷없이 맨 먼저 이야기되고 작중인물의 소개·조난·체포·볼거리의 설명으로 이어진다. 그렇다고 해서 서술이 복잡하게 꼬여 있다고 말할 정도는 아니다.

또 하나의 예를 들자면 일종의 공상과학소설 『로쿠스 솔루스』[1]는 과학자이자 발명가인 마르시알 캉트렐이 자신의 영지 로쿠스 솔루스로 동료들을 초대하고 거기에서 그들이 복잡하고 기이한 발명품들을 구경하고는 빌라로 돌아와 저녁 식사를 한다는 단순한 구성을 띠고 있다.

루셀의 작품들을 이해하는 데에는 루셀 사후에 출간된 책 『나는 몇몇 책들을 어떻게 썼는가』를 반드시 참조할 필요가 있다. 거기에는 푸코의 루셀 해석을 파악하는 데 크게 도움이 될 만한 사항이 많다.

그중에서 특기할 만한 사항을 간추려보면 다음과 같다. i) 19세의 나이에 『대역배우』를 쓰고 있었을 때 "대단히 강한 세계적인 명성의 감각을 느꼈다"는 것, 그러나 이 작품의 실패로 인해 영광의 꼭대기에서 땅바닥으로 추락했다는 느낌이었고 그 이후로 몸 전체에 붉은 반점이 생기는 신경증을 오랫동안 앓았다는 것, ii) 이에 여러 해 동안 루셀을 치료한 피에르 자네가 『번민에서 황홀로』라는 책에서 『로쿠스 솔루스』의 주인공 마르시알 캉트렐에 착안하여 루셀을 마르시알이라는 이름으로 지칭하면서 루셀의 이 위기를 언급했다는 것, iii) 유럽의 주요 나라들뿐 아니라 이집트·페르시아·오스트레일리아·중국·일본·타히티 등지로 많은 여행을 했지만 그 모든 여행의 어떤 것도 자신의 책에 이용하지 않았다는 것, 따라서 자신에게는 상상력이 모든 것이라는 점, iv) 고등학교를 중퇴하고 어머니의 영향으로 음악원에 진학하여 루이 디에미르의 지도로 피아노를 배웠으나 16세 무렵에 시를 짓고 이를 작곡하려고 시도했는데, 작시는 쉬웠으나 작곡이 어려웠고, 그래서 17세에 음악을 포기하고 문학에 뜻을 두게 되었다는 것, v) 그 위기 후에는 자신을 혹사하지 않고 무리하지 않는 방식으로 창작을 재개했고 마침내 30세 무렵에 단어들의 조합에 의한 글쓰기 방식 덕분으로 자신의 길을 발견했다는 느낌이 찾아왔다는 것, vi) 작품들이 나오면서 애호자의 수가 늘어났지만 전반적으로는 실패하거나 주목받지 못하거나 심지어는 비난과 조롱의 대상이 되고 광인이나 사이비로 취급되자, 자신의 작품들이 거의 전반적이고 적대적인 몰이해에 맞부딪친 것을 보면서 늘 괴로운 심정이었다는 것, 그래도 더 나은 방도가 없어서 사후에 자신의 작품들이 약간은 꽃피리라는 희망 속으로 도피한다는 것 등이다.

이 항목 중에서 푸코가 루셀에게서 주목하는 것은 v)에서 언급된 루셀의 글쓰기 방식, 다시 말해서 단어들의 조합에 의한 창작 방식이다. 푸코의 독자적인 해석을 살펴보고 평가하기에 앞서 우선은 루셀의 창작 방식이 구체적으로 어떤 것인지 알아볼 필요가 있다.

우선 루셀은 『아프리카의 인상』을 예로 들면서 이 소설이 어떻게 창작되었는지 설명한다. 맨 먼저 거의 유사한 두 단어가 선택된다. 이 선택은 하나의 단어에서 문자 하나만 바꿔 다른 단어를 발견하는 놀이, 즉 메타그람(métagramme)과 비슷하다. 예컨대 moisson(수확), poisson(물고기), boisson(음료)이나 boire(마시다), foire(장터), moire(물결무늬) 등에서 두 단어가 선택된다. 『아프리카의 인상』과 관련해서 루셀이 선택한 두 단어는 billard(당구)와 pillard(약탈자)이다. 그리고 두 가지 다른 의미를 갖는 단어들을 추가한다. 그러면 거의 동일한 두 문장이 얻어진다. billard와 pillard로부터는 다음의 두 문장이 제시된다. i) Les lettres du blanc sur les bandes du vieux billard…. ii) Les lettres du blanc sur les bandes du vieux pillard….

첫 번째 문장의 의미는 "낡은 당구대 쿠션 위에 초크로 쓴 문자들"이고 두 번째 문장의 의미는 "늙은 약탈자의 도당(徒黨)에 관한 백인의 편지들"이다. 형태상으로는 billard와 pillard에서 b와 p라는 한 문자만 다르고 이 외의 모든 철자는 동일하다. 그렇지만 의미가 전혀 다르다. 루셀은 이 첫 번째 문장으로 시작해서 두 번째 문장으로 끝날 이야기를 쓰고자 한다. 이 목적을 달성하려는 과정에서 상상력에 의해 모든 글감이 언어 자체로부터 마련된다. 먼저 백인 탐험가가 상상된다. 그는 『흑인들 사이에서』라는 책을 낸 사람이다. 그의 책에서 약탈자(흑인 왕)의 무리가 이야기된다. 그렇지만 이야기는 어떤 사람이 당구대의 쿠션에 초크로 문자들을 쓰는 것으로 시작된다. 이 문자들은 마지막 문장, 즉 "늙은 약탈자에 관한 백인의 편지들"을 암호의 형태로 구성한다. 탐험가의 서간집을 함축하는 이 일종의 그림 수수께끼로부터 이야기 전체가 풀려나온다.

이 그림 수수께끼를 이해하기 위해 〈위키피디아〉에 나온 몇 가지 예2를 살펴보자. 대문자 A와 B가 나란히 놓여 있고 각각의 문자 안에 소문자 a가 가득 들어차 있다. 이것을 문장으로 나타내면 Un AB plein d'a petits가 된다. 다음으로 소문자 a를 대문자 I가 수직으로 가로지르고 있다. 이것은 a traversé par I로 읽을 수 있다. 마지막으로 대문자 P 아래에 숫자 100이 적혀 있다. 이것은 cent(100) sous P이다. 세 부분이 합쳐진 하나의 문장은 "Un grand abbé, plein d'appétit, a traversé Paris sans souper(한 대사제가 식욕이 왕성한데도 저녁밥을 먹지 못한 채 파리를 통과했다)"가 된다.

또 다른 예는 프리드리히 2세와 볼테르 사이에 오간 것으로 전자가 후자에게 문자 P 아래에 두 손을 그려 넣고 전치사 à를 쓴 다음에 톱 그림 아래에 숫자 100을 배치하고 끝에 물음표를 붙인 그림 수수께끼를 보낸다. 이것은 Demain souper à Sans souci?(내일 상수시에서 저녁식사?)의 의미다. 두 손은 Deux mains인데 Demain으로 약간 변형된다. P 아래는 sous P인데 souper로, 톱 아래 100은 cent sous scie인데 Sans Souci로 해석된다. 이에 볼테르는 대문자 G와 소문자 a 그리고 느낌표로 구성된 문자 수수께끼, Ga!를 답신으로 보낸다. 이는 j'ai grand appétit!(무척 배고파요!)의 약어로써 저녁식사 초대에 응한다는 의사 표시가 된다.

『아프리카의 인상』의 기원을 이루는 당구대(billard)와 약탈자(pillard) 사이의 상호 대비에서 약탈자의 이름은 탈루(Talou)이고 백인의 이름은 카르미카엘(Carmichaël)이다. 이런 식의 구체화 작업이 계속되면서 새로운 단어들이 도입되고 매번 새로운 창작이 이어진다.

예컨대 루셀은 당구봉에서 '땅에 길게 끌리는 탈루의 옷'을 떠올린다. 사실 당구봉을 의미하는 프랑스어 queue에는 '땅에 끌리는 옷자락'의 의미도 있다. 당구봉에는 흔히 소유자의 이름이 새겨져 있다. 그래서 땅에 끌리는 옷자락에 숫자(번호)가 부여되기도 한다. 다음으로 루셀은 초크(blanc)에 덧붙일 단어를 찾다가 "초크 입방체의 바닥에 종이를 고정시키는 풀(colle)"을 생각하게 된다. 이 단어는 벌로 주어지는 방과 후 공부 또는 방과 후에도 학교에 남기를 의미하는 학생은어이기도 하다. 이에 따라 "세 시간의 금족령이 탈루에 의해 백인 카르미카엘에게" 부과된다는 착안을 하게 된다.

이러한 사례는 무수히 많다. 마지막으로 한 가지 예를 더 들자면 한 단어를 선택하고는 그것을 전치사 à에 의해 다른 단어에 연결하고는 본래의 의미와는 다른 의미로 읽는 것이다. 가령 "에스파냐식 창문에 손잡이 달린 문고리가 있는 집(maison à espagnolette)"이 "어린 에스파냐 여자아이들이 있는 왕실"로 해석되고 이로부터 탈루-야우르 일족의 기원인 두 젊은 쌍둥이 에스파냐 여자가 착안된다.

루셀은 상이한 의미로 이해된 두 단어의 조합에 의한 창작 방식에서 심지어 발음상의 사소한 변화를 내포한 문장을 만들어내는 방식으로까지 나아간다. 이 방식에는 어느 작가의 소설이나 대중가요에 나온 어떤 문장이건 이용된다. 마치 그림 수수께끼에서 이미지가 끌려나오듯이 문장의 분해를 통해 이미지가 얻어진다.

예를 들어 "내 양초는…(Ma chandelle…)"에서 "열심히 일하는 여자상인(Marchande zélée…)"이 연상된다. 바르베 도르비이의 어느 단편소설에 붙은 제목 '진홍색 장막(Rideau cramoisi)'에서는 "곰팡이 슨 부분이 있는 황토색을 비웃다"(Rit d'ocre à moisi)라는 문장을 만들어낸다. 빅토르 위고의

12음절 시행인 "그녀는 일찍 시작하고 그녀의 순회는 성가시게 하네(Elle commence tôt sa tournée asticote)"는 "날개 달린 혼수상태… 토성 탄력적인 채롱(Ailé coma… Saturne Élastique hotte)"으로 변한다. "달빛에 내 친구 피에로(Au clair de la lune mon ami Pierrot)"에서는 "달걀 흰자위 물(흰자위 색깔의 폭포) 거기로부터 흑인 정오에 아네모네(Eau glaire[cascade d'une couleur de glaire] de là l'anémone à midi négro)"가 생겨나고 이로부터 정오의 태양에 의해 밝혀진 낙원에서의 일화가 이야기되기 시작한다.

이처럼 루셀이 스스로 밝힌 자신의 창작 기법은 전통적인 줄거리 구성과 아무런 관계가 없다. 현실에서의 경험을 허구화하는 것도 아니다. 그의 창작 기법에서 가장 중요한 요소는 언어와 상상력이다. 글쓰기가 언어와 상상력에 의해서만 이루어진다. 루셀의 창작 기법은 철자 바꾸기 놀이인 메타그람이나 그림 수수께끼(rébus) 같은 순수한 말놀이에 가깝다. 두 단어에서 의미 차이를 만드는 하나의 상이한 문자는 구조 언어학에서 말하는 관여적 속성(trait pertinent)을 떠올리게 한다. 동음이의어를 통해 새로운 문장을 끌어내는 것도 일종의 언어 놀이다. 여기에서 더 나아가 약간의 발음 변화가 용인되기도 한다. 이런 식으로 루셀은 오로지 음성이나 단어의 조합을 통해 뜻밖의 의미를 얻어낸다. 루셀의 이러한 글쓰기 방식을 언어의 존재와 관련시키는 것이 루셀에 대한 푸코의 해석 방향이다.

푸코가 『레몽 루셀』에서 밝히고자 하는 것은 무엇이 언어를 솟아나게 하는가, 어디에서 언어가 생겨나는가다. 푸코는 이 문제에 대한 해명의 빛을 루셀의 작품들에서 읽어내려 한다. 이를 위해 그는 우선 루셀의 창작 방식을 카프카의 창작 방식과 비교한다. 알다시피 카프카는 현실의 구체적인 장면들을 아주 세밀하게 묘사한다. 장면들의 묘사가 너무나 자세해서 심지어는 장면들의 연쇄가 부조리해 보이기까지 한다. 줄거리 구성은 그다지 중요하지 않다.

루셀의 경우에는 단어나 문장의 이중화에 의한 말장난을 통해 작품이 창작된다. 이야기의 줄거리는 마치 동화처럼 단순하지만 작품 제작의 공정은 매우 복잡하다. 이 공정에 필요한 기계장치가 두 가지 다른 의미가 있는 단어를 무수히 많이 만들어낸다. 이 단순한 핵에서 다양한 문장이 만들어지고 작품 전개의 다양한 경로가 생겨난다.

루셀의 작품은 기본적으로 외부 세계와의 관계가 부재한다. 재현이나 반영 또는 리얼리즘과는 전혀 무관하다. 오직 말들이 서로 연결될 뿐이다. 말들의 상호관계에 의해서만 작품이 짜여나간다. 마치 언어가 자율적으로 작품을 형성하기라도 하는 듯하다. 두 상이한 맥락에서 두 가지 의미로 사용되는 한 단어 또는 철자 하나만 다른 두 단어의 무수한 사례에 따라 글쓰기가 이루어진다. 예를 들어 '레몬의 씨(le pépin du citron)'와 '빵집 조수의 난처한 일(le pépin du mitron)'에서 엿보이는 사소한 형태 변화 같은 것이 작품의 조직 원리다.

루셀의 창작 방식은 무엇을 가리키는가? 그의 창작 방법은 언어가 자율적으로 작동하는 공간을 그려볼 수 있게 한다. 이 공간의 한가운데에는 공백이 있다. 비어 있지만 그렇다고 아무것도 없는 것은 아니다. 약한 에너지 상태의 무언가가 있다. 여기에서 언어가 소멸하고 탄생한다. 이 공간은 이를테면 언어의 못자리이자 묏자리다. 루셀은 이 공간의 가장자리에 머물러 있고자 한다. 마치 거기에서 언어의 소멸과 동시에 탄생을 지켜보고 기록하고자 하는 듯하다.

현실을 재현하는 언어의 자리는 이 공간의 가장자리에서 멀리 떨어져 있다. 무릇 문학의 언어에는 두 가지 유형이 있다고 볼 수 있다. 하나는 언어 자체가 생겨나고 사라지는 것을 이야기하는 것이고, 다른 하나는 이야기에 의해 무언가를 재현하는 것이다. 후자는 전통적인 문학의 언어, 작가가 이야기의 주체인 언어이고 전자는 말하는 주체의 익명성을 특성으로 갖는 자율적인 언어, 루셀이 예시하는 언어다.

루셀의 작품은 두 가지 인상을 준다. 한편으로 루셀의 작품은 부조리하게 느껴진다. 놀라운 장면들이 이어진다. 모든 것이 불확실하다. 그의 작품들은 난해한 언어의 바로크적 장식으로 보이기까지 한다. 다른 한편으로 루셀의 소설 언어는 자기 이외의 다른 어떤 것도 말하지 않는 것 같다. 끊임없는 이중화를 통해 드러나는 언어, 언어의 언어라는 측면이 있다. 루셀이 문학의 언어에 기묘한 공간을 열었다는 푸코의 해석은 바로 이 측면을 염두에 두고 한 말일 것이다.

루셀의 말놀이는 언어의 소멸과 재생의 장소를 보여준다. 이 장소는 언어가 스스로 소멸하고 소멸한 언어의 찬란한 먼지로부터 언어가 재생되는 차원의 공간이다. 루셀에게 언어는 이를테면 불사조와도 같은 것이다. 그의 작품들은 언어의 탄생과 죽음이 무수히 교대하는 공간이라고 말할 수 있다. 루셀은 이 공간의 언저리를 떠나지 못한다. 거기에 머물러 있어야만 창작이 가능하기 때문이다. 루셀의 광기를 유발했을지 모르는 이러한 강박관념에 의해 언어의 내적 차원이 열린다.

루셀의 작품들은 이미 말했듯이 줄거리가 동화처럼 단순하다. 순수한 언어의 존재를 보여주는 창작 방식으로 말미암아 언어의 미궁 같은 인상을 주기는 하지만 이 미궁도 역시 작품들의 줄거리만큼 단순하다. 그저 두 거울 사이에 언어가 있는 공간일 뿐이다. 그렇지만 한없이 서로를 비추는 두 거울에 의해 어떤 깊이가 생겨난다. 이 사이에서 언어는 실체

없는 유령처럼 존재한다.

어떤 관점에서 루셀의 미궁은 언어가 두 거울 사이에 갇혀 있는 감옥으로 보인다. 크레타섬의 미궁에서는 한가운데에 미노타우로스가 갇혀 있는 것처럼 루셀의 경우에는 미궁의 중심에 언어가 존재한다. 여기에서 마주 보고 있는 두 거울에 의해 언어의 탄생과 죽음이 무수히 일어난다. 루셀의 언어는 두 거울에 의해 한없이 이중화된다. 이 이중화를 통해 언어는 탄생과 죽음을 되풀이한다.

이때 언어는 끊임없이 늘어나면서 역설적으로 사물이나 사건의 침묵 쪽으로 나아간다. 언어의 증식은 사물이나 사건과 일체를 이룰 때까지 계속된다. 그런데 이 일체화는 본질적으로 불가능하다. 그러므로 언어는 한이 없다. 언어의 증식은 사물이나 사건의 침묵과 대조를 이룬다. 말이 침묵 속에서 생겨나고는 다시 침묵 속으로 사라진다. 침묵의 세계는 말이 사물이나 사건인 공간이다. 이를테면 말이 곧 침묵인 절대 언어의 장소다. 거기에서는 언어와 침묵이 맞닿아 있거나 중첩되어 있다. 그러나 말은 사물이나 사건이 아니다. 말과 사물 또는 사건은 서로 대립한다. 그래서 모든 것이 말해지지만 언어의 한가운데에는 언제나 침묵이 있다.

루셀의 언어에서 한가운데에 있는 것으로 생각되는 공백은 바로 이 침묵을 가리킨다. 거기에서는 말과 사물 그리고 사건이 무수히 많은 입자로 존재하면서 에피쿠로스의 클리나멘[3] 같은 우연한 방황운동을 하는 듯하다. 별이 총총한 밤하늘은 언어와 침묵이 근접한 이 공백의 이미지다. 루셀은 이 공백의 공간에 근거하여 글쓰기를 수행한다.

루셀의 작품들은 외부 세계와 전혀 관련을 맺고 있지 않다는 점에서 언어의 엄정한 자율성을 예시한다. 루셀은 여행을 많이 했지만 어떤 여행으로부터도 글감을 끌어오지 않는다. 그의 작품들은 텅 빈 공간에서 말놀이가 현기증 나게 이루어진다는 인상을 준다. 빛나는 틈이 있고 이 틈에서 말놀이의 공간이 광기의 기운과 더불어 나타난다. 맨정신으로 살아서는 이 경이로운 지점, 어둠의 심장부이자 빛의 중심인 곳에 닿을 수 없다.

이에 죽음의 유혹이 일어나고 죽음의 충동이 북받친다. 거기에서는 마치 검은 잉크의 글자가 불꽃을 발산하는 듯하다. 검은 태양의 모순어법은 바로 언어와 태양이 일체가 된 상태, 잉크로 이글거리는 태양을 가리킨다. 이 태양은 바로 언어의 존재를 나타내는 이미지다. 이 태양이 존재하는 공간이 바로 언어의 공간이다. 이 공간은 루셀의 작품들에서도 맨 밑바탕 또는 한가운데이고 검은 태양은 바로 여기에서 검은빛으로 반짝거린다.

이 공간에서 언어의 탄생과 죽음은 서로에 대해 거울이

된다. 언어는 언제나 말해지기를 바란다. 죽음 속에서 재탄생을 기다린다. 그러나 언어가 탄생하는 장소는 인간이 도달할 수 없는 곳이다. 거기에 도달하기 위해서는 죽음을 대가로 치러야 한다. 기껏해야 이 공간의 가장자리에서 언어의 한없는 반복을 통해 삶 속에서 이 공간을 경험하는 수밖에 없다.

푸코는 『광기의 역사』에서 광기를 작품의 부재라고 정의했다가 『레몽 루셀』에서는 작품과 광기가 상호적인 배제와 소통의 모순적인 관계를 맺는다는 통찰을 얻는다. 그럴 때 언어는 자기 자신 이외의 어떤 것도 전제하지 않는다. 그래서 루셀은 글감을 언제나 다른 단어들에서 끌어온다. 문장의 기본 단위에서 새로운 단어를 얻고 새로운 단어를 허구의 재료로 사용한다. 루셀의 이야기들은 말놀이를 통해 우연히 발견된 단어들로 짜여나간다. 언어가 작품의 재료다. 언어의 주름에서 작품의 언어가 생겨난다. 언어가 단성생식을 한다.

그럴 때 언어는 거의 사물이나 사건이다. 사물이나 사건이 먼저 있고 언어가 나중에 다가오는 것이 아니다. 사물이나 사건과 언어가 동시적으로 명멸한다. 이 차원에서는 언어 자체가 사물이나 사건이므로 언어는 자기 자신 이외의 다른 사물이나 사건이 필요하지 않다. 루셀의 창작 방식을 이루는 요소들, 구체적으로 말해서 메타그람, 그림 수수께끼, 음성의 조합에 의한 뜻밖의 창안, 제작이라는 의미에서의 시적 과정, 단어들의 우연한 조합, 어느 한 문장을 분해하여 전혀 다른 이미지를 끌어내기 등은 모두 언어 이전에는 아무것도 없다는 독특한 언어관에서 연유한다.

어떤 것도 언어에 선행하지 않는다는 것은 말과 사물 또는 사건의 분리와 대립을 전제한다. 프랑시스 볼프에 따르면 그림은 '사건 없는 사물'의 재현이고 음악은 '사물 없는 사건'의 재현이다. 그리고 이야기는 미술과 음악 사이에 자리한다. 따라서 미술과 음악의 특성을 조금씩 지니고 있다. 이야기는 이를테면 잡종의 성격을 갖는다. 이 세 가지는 각각 '동일성의 언어-세계'와 '변화의 언어-세계' 그리고 '우리의 언어-세계'에 대응한다. 언어에서는 명사·동사·인칭대명사에 상응한다.[4]

그런데 사물이 보이기 위해서는 빛이 필요하다. 사물이 온전한 존재의 빛 속에 잠길 때는 언어가 필요하지 않다. 어떤 매개도 없이 그 자체로 드러나고 파악되기 때문이다. 문학에서 이런 일이 일어난다면 문학은 미술이 될 것이다. 그리고 사건이 감지되려면 소리가 필요하다. 사건이 온전한 존재의 소리로 들려온다면 언어가 필요 없다. 사건이 그 자체로 곧장 이해되기 때문에 어떤 매개도 개입할 여지가 없다.

문학에서는 이런 일이 일어날 수 없다. 이러한 잡종성, 사물과 사건의 공존이 문학의 존재 이유이자 전제 조건이다. 이러한 관점에서 보자면 언어는 사물이나 사건의 이름일 뿐이고 사물이나 사건이 언어에 앞서 존재한다고 여겨질 수 있다. 그러나 푸코에게서는 이 선후관계가 부정되고 심지어는 역전된다. 새로운 사물이 발견되거나 새로운 사건이 일어날 때 이름이 부여된다 해도 언어의 공간이 사물이나 사건보다 먼저 존재한다는 것이다.

푸코는 사물이나 사건을 언어의 결과나 흔적으로 간주한다. 사물이나 사건에 관해 말하는 행위 속에서 비로소 사물과 사건이 가시권과 가청권 안으로 들어온다고 주장한다. 이러한 관점은 루셀의 창작 방식에 기인한다. 언어의 선재성과 자율성을 전제하지 않고서는 루셀의 창작 방식을 설명할 수 없다. 푸코가 루셀에게 빚지고 있다고 하는 것은 바로 선재적이고 자율적인 언어의 공간에 대한 통찰이다.

언어의 검은 태양이 반짝이는 언어 공간에 닿기는 루셀에게 광기의 원인이자 영광의 절정이다. 이 문학 언어의 경험은 언어의 자율성에 대한 자각이 핵심이다. 이에 따르면 언어가 말하는 주체에 달려 있기는커녕 말하는 주체가 언어에 종속되어 있다. 말하는 주체가 뒤로 물러나고 유명무실해지는 반면에 언어는 마치 유일하게 말하는 주체인 듯이 자율적으로 작동한다. 누가 말하는가는 이제 중요하지 않다. 말하는 주체가 익명성 속으로 떨어진다. 누가 말하건 말하는 사람의 배후에서 언어가 말하는 것이다. 말하는 주체가 뒤로 물러남으로써 언어의 존재가 나타난다. 인간이 마음대로 언어를 사용한다기보다는 오히려 언어가 인간의 사유에 선험적 여건으로 작용한다.

이러한 맥락에서 루셀의 광기와 죽음은 언어의 존재에 대한 경험과 이에 따른 말하는 주체의 사라짐을 예증하는 것으로 해석될 수 있다. 문학 언어의 경험 자체에 관한 이야기인 그의 작품들이 자기완성을 위해 작가의 죽음을 요구했다고도 볼 수 있다. 루셀이 자신의 창작 방식에 관해 사후에 남긴 책은 그의 유언장이나 마찬가지다. 자신의 창작 방식은 언어의 존재에 자기 자신을 내어주는 셈인 만큼 급기야는 자기 죽음을 초래하게 되리라는 것을 고백하고 있다.

누구라도 광기에 사로잡히면 작품을 만들어낼 수 없을 것이다. 작품의 창작은 어디까지나 합리적 사유와 이성의 언어에 의해 이루어진다. 그런데 광기의 작품들이 있다. 예를 들어 『라모의 조카』, 브뤼헐이나 고야 또는 반 고흐의 그림, 아르토 혹은 루셀의 작품 등이 있다. 직접적이건 간접적이건 광기의 경험 없이는 이것들이 산출될 수 없었을 것이다.

그러나 광기는 작품의 불가능성 자체다. 그러므로 광기의 경험이라 해도 완전히 광기에 휩쓸려버리는 것은 아닐 것이다. 이성이 어느 정도 남아 있을 때의 이야기이다. 이를테면 광기의 심연에 빠져버리지 않고 가장자리에 머물러 있을 때에만 가능한 경험이다. 광기의 작품은 광기와 작품의 경계 지점에서 작품이 탄생하는 광경의 기록이다. 물론 작품의 창작이 불가능할 정도의 극심한 광기가 없지 않을 터이지만 일반적으로 광기의 작품을 이야기할 때의 광기는 이성과의 관계를 유지하고 있는 것이다.

어떤 관점에서는 거꾸로 광기가 작품에 필수 요소일지도 모른다. 광기가 없으면 작품도 없다고까지 말할 수 있다. 이성만으로는 예술 작품이 창작될 수 없는 것 같다. 『말과 사물』에서 푸코는 광기와 작품의 경계 지점에 언어의 경험을 놓는다. 이때의 언어는 언어가 말한다고 할 때의 자율적인 언어다.

푸코가 루셀의 작품들 덕분으로 깨달은 것은 바로 광기와 작품 사이에서 언어의 경험이 매개물로 구실한다는 점이다. 푸코가 즐겨 원용하는 문학은 광기의 경험으로 해석될 수 있는 언어의 존재에 대한 통찰을 내포하고 있다. 『말과 사물』에서 광기와 문학은 기원 없는 언어, 어떤 것도 자신 앞에 전제하지 않는 절대적으로 자율적인 언어의 경험 속에서 하나가 된다.

루셀에게서 의미의 이중화에 따른 말놀이는 작품의 구성

원리다. 이 원리에 따라 작품이 빚어지면서 언어의 존재가 드러난다. 작품은 언어의 검은 태양으로부터 빛을 받아 존재한다. 그러므로 작품의 공간은 바로 언어의 공간이다. 이 공간에서 말이 솟아난다. 이것이 루셀의 창작 자체다. 작품은 창작의 결과일 뿐만이 아니다. 작품의 창작에 선행하는 언어의 공간이기도 하다.

그렇지만 이 공간은 곧장 말에 의해 가려진다. 이 공간이 드러나려면 말이 사라져야 한다. 루셀이 언어의 경험을 하는 언어의 공간에서는 말의 탄생과 죽음이 끊임없이 교차한다. 루셀은 언제나 이 경이로운 지점에 이르고자 한다. 이 열망에서 작품을 쓰는 것이다. 루셀의 광기 또는 죽음 충동은 언어의 검은 태양이 빛나는 두 거울 사이의 공간에, 언어의 미궁에 다다르려는 열망과 다르지 않다. 두 거울이 마주 보고 있는 관계로 이 태양의 빛은 밖으로 새어나가지 않는다. 이 태양은 언어의 검은 빛을 한없이 발산하고 동시에 흡수한다.

루셀은 언어의 미궁 안으로 들어가서 두 거울 사이의 검은 태양을 보고 이 태양을 본받아 창작한다. 이러한 창작의 결과인 그의 작품들은 거꾸로 언어의 미궁에 대한 증언이 된다. 이 공간에서 빛나는 검은 태양은 바로 이 공간의 제유 (提喩)다.

문학에서 루셀이 증언하는 이 기묘한 공간, 언어가 자기

만을 말하는 공간, 절대 언어의 공간이야말로 푸코가 루셀에 게서 읽어내는 가장 중요한 요소이다. 이 요소가 에피스테메라는 공간의 개념을 만들어내는 데 결정적인 계기로 작용한다. 더 나아가 정신분석학·민족학·언어학에 의해 밑받침되는 구조주의적 지식을 넘어 근대 이후의 사유, 탈근대의 사유를 그려보는 데에도 중요한 준거가 된다.

『말과 사물』에서 문학은 이른바 낯선 바깥의 사유를 고고학으로 끌어들이는 역할을 한다. 에피스테메들 사이에는 상호 불연속성 또는 사유 불가능성의 문턱이 있다. 지식의 실증성은 시대별 에피스테메의 한계 내에 갇혀 있다. 이 문턱을 넘어서기 위해서는 어느 에피스테메의 여백이 다른 에피스테메의 중심부를 차지하게 되어야 한다. 푸코는 문학을 비록 자신이 선호하는 특정한 문학이지만 주요한 여백으로 간주한다.

가령 바타유·블랑쇼·루셀 등으로 대표되는 현시대의 문학에서는 언어가 너무 깊숙이 들어가면 죽음을 초래할지 모르는 공간으로 상정된다. 이들은 죽음의 위험을 무릅쓰고 이공간으로 가능한 한 가까이 다가갔다가 살아 돌아온 경험에 입각하여 글을 쓰는 듯하다.

이들의 배후에는 고대 그리스의 오르페우스 신화가 어른거린다. 오르페우스는 죽은 아내를 데려오기 위해 지하세계로 내려갔다가 돌아온다. 이들은 또한 자신은 기둥에 묶고 부하들은 귀를 막게 하고서 세이렌의 암초를 무사히 지나가는 오디세우스와도 같다. 이들에게 이 공간의 경험은 글쓰기의 가능 조건이다. 언어의 존재에 대한 직관을 내포하고 언어의 공간에 대한 경험에서 탄생하는 이들의 문학은 근대적 지식의 전반적인 지형에 퍼져 있는 인간학의 주름에 대한 이의제기이기도 하다.

푸코는 근대적 사유의 인본주의적 한계를 넘어선 어떤 새로운 에피스테메의 싹을 문학에서 찾는다. 그에게 문학은 인간학 장치의 여백, 근대 에피스테메에 대한 비판이나 이의제기 또는 변형의 도구다. 언어의 존재가 경험의 대상으로 떠오르는 것은 근대적 지식의 여백으로 내몰린 특정한 문학 작품들, 특히 루셀의 작품들 덕분이다. 문학은 언어의 존재에 대한 경험과 이것으로부터 비롯될 새로운 사유의 가능 조건을 내포한다. 폴 리쾨르의 말대로 문학은 '사유 경험의 방대한 실험실'인 것이다.5

루셀의 경우에서 확인할 수 있듯이 언어가 존재하는 공간에 대한 문학의 경험은 광기의 위험에도 불구하고, 어쩌면 광기의 위험을 내포하고 있는 까닭에 근대성에 대한 이의제기, 탈근대의 사유를 위한 실험이 된다. 이 이의제기 또는 실험의 척도는 인간의 종언과 언어의 귀환이다. 시대별로 고찰되는 인간과 언어의 상호 배제적인 관계는『말과 사물』전체를 가로지른다.

VII. 에필로그―안티오이디푸스의 초상

조르주 쇠라(1859~1891)의 「그랑드 자트에서의 어느 일요일 오후」는 순간 사진처럼 보인다. 등장인물들이 시간 속에서 응고된 듯하다. 그랑드 자트는 센강의 섬으로 파리 사람들이 여가와 산책 그리고 교제를 즐기는 곳이다. 여기에 다른 사회 계층의 여러 인물(남자·여자·어린이)이 등장하여 물가, 풀밭, 나무 아래에서 거닐거나 휴식을 취하거나 물놀이를 한다.

전경에는 최신 유행의 옷을 우아하게 차려입은 부르주아 남녀가 보인다. 여자는 원숭이의 목줄 끝자락을 잡고 있다. 왼쪽으로 소박한 옷차림의 노동자가 풀밭 위에 길게 누워

〈그림 6〉 조르주 쇠라의 「그랑드 자트에서의 어느 일요일 오후」

파이프 담배를 피우면서 생각에 잠겨 있다. 이 노동자 옆에
부르주아 남자가 앉아 있고 이 남자와 노동자 사이에 살짝
뒤편으로 여자가 다리를 뻗고 앉아 뜨개질하고 있다. 그녀의
왼편에 털실이 놓여 있다.

이들의 뒤로 검은 개가 풀밭의 냄새를 맡고 있다. 작은 개
는 검은 개 쪽으로 달려가는 모습이다. 검은 개는 아무런 장
신구가 없는 반면에 작은 개의 목에는 리본이 둘려 있다. 개
들도 주인의 빈부 차에 따라 풍모가 다르다. 한 여자가 양산
을 쓰고 센강 쪽을 바라본다. 이 여자 바로 뒤의 여자는 꽃다
발을 만들고 있다. 모자와 양산이 옆에 놓여 있다. 이 인물들

위로는 그늘이 드리워져 있다.

중경에는 한 여자가 양산을 쓰고 딸과 함께 조용히 산책하고 있다. 그녀들의 왼편으로 간호사 복장의 여자가 남자와 이야기를 나누고 있다. 좀 더 왼쪽으로는 한 여자가 최신 유행의 옷차림으로 강가에서 낚시하고 있다. 이들보다 약간 더 멀리에서 수수한 옷차림의 한 남자가 서서 금관악기를 연주하는 중이다.

그림의 안쪽으로는 팔짱을 끼고 산책하는 남녀들, 놀이하는 여자아이, 걷고 있는 두 병사가 보인다. 이 인물들은 강한 햇살을 받고 있다. 강에서는 네 명의 남자가 조정(漕艇)을 하고 있다. 조정 가까이 보트 한 척이 보인다. 누군가 보트를 타고 있다. 보트의 전방에 한 여자가 양산을 쓰고 서 있다. 더 멀리 돛단배가 떠 있고 반대편 강가의 모래사장이 길게 뻗어 있다.

일반적으로 그림을 그릴 때는 화가가 팔레트에서 색들을 섞어 원하는 색을 얻어 화포에 칠한다. 그러나 분할화법 또는 점묘화법에서는 화가가 색깔들을 섞지 않는다. 관람객의 눈에서 색들의 혼합이 일어난다. 화가는 그저 여러 가지 색깔의 작은 점을 화포에 찍을 뿐이다. 그러면 여러 색깔의 점들 사이에 상호간섭이 일어나면서 제3의 색이 나타난다.

그리고 가까이에서 보면 그림이 흐릿해진다. 동식물과 사람의 형체가 분명하게 잡히지 않는다. 거의 추상화를 보는 느낌이 든다. 색깔들의 상호간섭, 빛과 그림자를 제대로 알아차리려면 어느 정도 뒤로 물러날 필요가 있다. 그림과 적절한 거리를 유지해야 한다. 자세히 보려고 접근하면 형태가 흐려지고 사라진다. 마치 색들이 자율적으로 그림을 그리는 듯하다. 물론 화가가 무수히 많은 점을 찍어 이러한 느낌이 들도록 해놓은 것은 사실이다. 그렇지만 그림 자체는 색깔의 점들이 저절로 모여 형체를 형성하는 공간이다.

쇠라의 그림은 루셀의 소설과 유사한 인상을 준다. 루셀의 문학 작품들이 자율적인 언어의 공간인 것처럼 쇠라의 미술 작품들은 자율적인 색깔의 공간으로 다가온다. 따라서 쇠라의 이 그림에도 비록 움에 지나지 않을지언정 역시 탈근대의 사유가 내포되어 있다고 추정해볼 수 있다.

벨라스케스의 「시녀들」은 '고전주의적 재현의 재현 같은 것'[1]이다. 거기에서 왕의 자리는 그림 바깥에 있다. 이는 고전주의적 지식에 인간이 들어설 자리가 없다는 것으로 해석된다. 인간이 다루어졌다고 할지라도 기껏해야 동물종의 하나로서이지 말하고 일하고 살아가는 존재로서가 아니다. 고전주의 시대의 일반 문법·자연사·부의 분석에서는 인간의 노동·생명·언어가 존재하지 않았다. 그러나 근대에는 이것들이 지식의 대상으로 떠오른다. 이와 동시에 생물학·경제학·문헌학이 자리 잡는다. 이 과정에서 인간은 "지식의 대상인 동시에 인식의 주체라는 모순적인 입장을 띠고 출현한다."[2] 인간이 이 왕의 자리를 차지하게 된 것이다. 근대적 지식은 인간이 왕의 자리를 차지하게 되면서 성립한다.

근대 에피스테메가 한창인 시기에 벌써 쇠라의 그림 「그랑드 자트에서의 어느 일요일 오후」는 인간이 다시 왕의 자리를 떠나는 탈근대 에피스테메의 싹을 보여준다. 이 그림의 분위기, 즉 묘한 적막감, 사람들이 서로 이질적이고 단절된 느낌은 쇠라의 그림이 예술과 과학의 만남, 일종의 예술-과학이기 때문일 뿐만 아니라 근대 인본주의의 한계와 다가올 새로운 사유 방식의 전조가 이 그림에 함축되어 있기 때문이기도 할 것이다.

푸코라면 아마 쇠라의 이 그림에 대해 위와 같이 해석했을 것이다. 이는 그가 오늘날 새롭게 생겨나고 있는 흐름에 적극적으로 호응함으로써 현시대의 한계를 돌파하려는 의지가 그만큼 강했다는 것을 방증한다. 푸코의 이런 모습을 어떻게 규정할 수 있을까? 역사상 지식의 단절을 구현한 인물들은 많다. 특히 수학과 자연과학에는 새로운 지식의 문을 열어젖힌 내로라하는 사람들이 헤아릴 수 없을 정도다. 오래지 않아 그들이 과학 담론의 중심으로 진입하고 그들에게는 정당한 영광이 돌아간다.

인문학 분야에서도 사정은 마찬가지인 것 같다. 단절의 사상가들이 비록 비주류의 여백으로 몰리기는 하지만 궁극적으로는 정당한 평가를 받는다. 푸코의 『레몽 루셀』이 루셀에 대한 사후의 정당한 평가를 촉발하는 대표적인 예다. 더 멀리 데카르트나 칸트는 말할 것도 없다. 푸코도 루셀이나 데카르트 또는 칸트 같은 인물들의 반열에 오를 수 있을까? 아직은 단언할 수 없지만 그의 지적 활동이 갖는 특성상 그럴 여지가 적지 않다는 것은 확실하다.

푸코는 언제나 기존의 사유 방식에 반기를 든다. 새로운 사유의 가능성을 좋고 나쁘고를 떠나서 적극적으로 맞이하고자 한다. 끊임없이 다르게 생각하기를 실천하는 푸코의 모습에는 데카르트, 칸트 같은 인물의 아우라가 엿보인다. 또한 이들의 원형으로 간주할 만한 신화적 인물인 오이디푸스의 모습도 겹쳐 보인다. 전통과의 단절을 지향하고 오직 자신의 지적 능력만으로 상황을 돌파하려고 들며 진실에의 용기를 끝까지 내보이는 점이 이들의 공통점으로 다가온다. 특히 모든 것을 말할 용기, 진실에의 용기를 권유하는 마지막 푸코의 '파레시아' 개념은 자신에게 불이익이나 위험이 될지도 모르지만 끝까지 진실을 밝혀내고야 마는 오이디푸스의 태도와 일맥상통한다.

그런데 오이디푸스 · 데카르트 · 칸트는 다 같이 인간을 구호로 외친다. 인간은 만물의 척도라는 프로타고라스의 명제를 이들은 각자 독특한 방식으로 구현하고 있다. 이 명제는 인간 존중의 뜻을 담고 있기는 하지만 인간의 턱없는 오만의 여지를 내포하고 있는 것도 사실이다. 여기에서 푸코는 그들과 길이 갈린다.

푸코에게 인간은 극복의 대상이자 넘어서야 할 일종의 장애물이다. 칸트와는 정반대로 그는 인간의 바깥에서 인식의 선험적 여건을 모색한다. 이 선험적 여건이 바로 에피스테메다. 이 개념은 지식의 지형 또는 언어의 공간으로 정의할 수 있는 독특한 장소다. 이것을 플라톤의 코라 개념과 관련지을 여지는 좁지 않다.

『말과 사물』에서 푸코의 구호는 비인간 또는 인간의 죽음이다. 이렇게 볼 때 철학자 푸코는 데카르트나 칸트와는 반대로 오이디푸스가 아니라 '안티오이디푸스'다. 그렇지만 그에게 오이디푸스의 면모가 없지 않다. 푸코가 프랑스 사회의 혜택을 누렸다는 것을 부인할 수는 없지만 푸코도 역시 데카르트나 칸트처럼 홀로 오직 자신의 지성만으로 전통적이고 주류적인 사유에 맞섰기 때문이다. 이로부터 안티오이디푸스도 오이디푸스라는 결론을 끌어낼 수 있다. 어쩌면 근대의 끝자락에서는 안티오이디푸스가 더 오이디푸스다울지도 모른다.

오이디푸스인 안티오이디푸스로서의 푸코는 오늘날에도 여전히 자신의 저서들을 통해 고고학의 망치로 인간 중심의 지식체계에 타격을 가하면서 지식 공간의 새판 짜기를 부추기고 있다. 푸코에 힘입어 뭔가 새로운 것이 시작되고 있다는 것을 예감할 수 있다.

그렇지만 푸코 역시 새롭게 다가오고 있는 어떤 변화의 작은 일부분일 뿐이다. 푸코는 이 변화의 흐름에 선제적으로 가담하고 줄기차게 그것을 대변하고자 할 따름이다. 이 변화의 거센 물결이 실제로 닥친다면 푸코의 『말과 사물』은 아무도 읽지 않게 될 것이다.

I. 프롤로그-공간의 사유

1) 이 점에서 『말과 사물』의 탄생 장소는 푸코가 이 책의 서문에서 밝힌 것, 즉 보르헤스의 한 텍스트에 나온 중국백과사전의 터무니없는 분류, 이 분류를 보고 터뜨린 푸코 자신의 '폭소'와 '불편함'이라기보다는 오히려 푸코가 루셀에게 '빚지고 있다'고 암시한 것이다. 루셀의 작품들이 내보이고 있는 언어관은 언어가 사유생성의 공간이라는 관념, 어쩌면 언어가 '존재의 집'이라는 하이데거의 관념인 것으로 보인다.

2) 공간의 사유는 후반기 푸코의 이른바 '계보학'과 '장치' 개념으로 이어진다. 이것들 역시 공간의 개념이다.

3) 푸코는 고고학·계보학·에피스테메·장치 등 여러 새로운 개념을 만들어 사용했다. 이 점에서 전형적인 인문학자라고 말할 수 있다. 이는 특히 푸코가 권력개념을 새롭게 제시한 점에 의해 명백히 입증된다.

II. 아리아드네의 실을 찾아서

1) bio-pouvoir: 생명관리권력이나 삶-권력으로도 옮길 수 있는 푸코의 용어로 복지국가와 관련된 근대적 권력을 규정하는 개념 중의 하나다. 의료보험·고용보험·국민연금·산재보험이 이 권력의 구체적인 예시다. 이제는 국민의 건강·노동 그리고 노인 대책이 정치권력의 주요한 과제로 떠오른 것이다.

2) 푸코(1929~1984)의 지적 행로는 지식의 고고학(1960년대), 권력의 계보학(1970년대), 실존의 미학(1980년대)으로 나뉜다는 것이 통설이다. 『광기의 역사』『임상의학의 탄생』『말과 사물』『지식의 고고학』은 첫 번째

시기, 『감시와 처벌』 및 『지식의 의지』는 두 번째 시기, 『쾌락의 활용』과 『자기 배려』는 세 번째 시기에 상응한다. 이 구분은 그의 강의가 출간되면서 더욱 확고해졌다.

3) 크레타의 왕 미노스의 아내 파시파에가 포세이돈의 아름다운 황소에 욕정을 느끼고는 다이달로스가 실물과 똑같이 만들어준 암소 안으로 들어가 황소와 관계를 맺어 낳은 황소머리의 인간이다. 이 괴물은 다이달로스가 만든 미궁에 갇힌다.

4) Ariadne: 그리스어로는 Ἀριάδνη이다. 그리스 신화에서 크레타섬의 왕 미노스의 딸로 나온다. 아테네의 왕자 테세우스의 조력자다. 테세우스에게 반해 아버지의 뜻을 어긴 것이다. 테세우스는 그녀가 준 붉은 실타래 덕분으로 크레타의 미궁 라비린토스 안으로 들어가 반인반수의 괴물 미노타우로스를 죽이고 무사히 빠져나올 수 있었다. 이 공적 덕분으로 그는 아테네의 왕위를 이어받게 된다. 전통적인 영웅입문 이야기에 완벽하게 들어맞는다는 점에서 아리아드네와는 본질적으로 다른 인물이다. 테세우스의 시대 순응성에 아리아드네의 반 시대성이 대립한다. 그녀는 기본적으로 부정의 화신이다. 기존의 체제에 순응하기보다는 저항하고 전복을 초래하거나 이러한 일에 결정적으로 기여하는 인물이다. 그러므로 테세우스가 아리아드네를 낙소스섬에 버리고 아테네로 떠난다는 것을 반대로 받아들일 여지가 없지 않다. 아리아드네가 테세우스에게 버림받았다기보다는 오히려 아리아드네가 테세우스에게서 시대 또는 체제에 순응하는 모습을 알아차리고는 그를 따라가지 않았을지도 모른다. 여담으로 그녀의 이름 자체에 부정성이 들어있다.

5) 프랑스어로 fil rouge(붉은 실)는 길잡이나 실마리 또는 단서라는 의미가 있다.

6) 오이디푸스 신화를 철학자의 형상으로 해석할 수 있다는 발상은 장-조제프 구(정지은 옮김), 『철학자 오이디푸스』, 도서출판b, 2016에서 얻은 것이다. 이 책에서 오이디푸스는 소크라테스·플라톤·데카르트·헤겔·니체·프로이트를 하나로 묶는 끈이다. 오이디푸스 신화, 특히 스핑크스와의 대결 장면이 이들에게서 다양하게 변이되어 나타난다는 것이다. 이 발상은 위의 철학자들뿐만 아니라 칸트와 푸코에게도 충분히 적용될 만하다.

7) Michel Foucault, L'Usage des plaisirs, Gallimard, 1984, p.15, p.17.

8) Maurice Blanchot(1907~2003): 프랑스의 작가이자 사상가. 『문학의 공간』 『도래할 책』 『카오스의 글쓰기』 등의 저서가 있다. 글쓰기를 언어의

익명성에 노출되는 것으로, 이에 따른 인간 주체의 소멸을 문학의 조건으로 본다. 「바깥의 사유」에서 푸코는 오르페우스와 오디세우스 신화에 기대어 모리스 블랑쇼의 문학적 사유를 설명한다. 여기에서 바깥이라는 용어는 언어의 익명성과 인간 주체의 소멸에 대한 푸코의 긍정을 함축한다.

9) 안과 밖의 공간에 관해서는 이외에도 여러 가지로 말할 수 있다. 이를테면 안은 종이 위에서 글자로 구성된 공간이고 바깥은 공백이다. 안과 바깥은 언어의 공간과 비언어의 공간이다. 안과 바깥 사이에는 소리와 침묵, 삶과 죽음이 인접하고 있다. 안과 바깥의 경계면이 접히면서 비언어와 침묵 그리고 죽음의 공간에서 무언가가 언어와 소리 그리고 삶의 공간으로 느닷없이 들어간다. 무언가가 전자의 공간에서 비존재에 가까울 정도로 극히 낮은 에너지 상태로 존재하다가 어떤 기회를 틈타서 후자의 공간으로 옮겨가서 가시적인 존재가 되기에 충분히 높은 단계의 에너지를 획득한다. 그러다가 다시 에너지를 상실하고는 전자의 공간으로 넘어가고는 또다시 후자의 공간으로 들어갈 때까지 재충전의 시간을 갖는다.

III. 고고학의 탄생과 칸트의 그림자

1) 더 나아가 고고학에서는 일반적인 패러다임 서술을 넘어 갖가지 담론 사건, 즉 국지적 지식이 권력과 맞물리는 횡단면이 문제된다. 이러한 지식과 권력의 맞물림은 새로운 권력 개념이 확립되는 과정에서 갈수록 더 빈번히 언급된다. 그렇지만 이 경우에는 고고학이 아니라 계보학이라는 용어가 사용된다. 1970년대로 들어서면서부터 고고학이 아니라 계보학이 푸코 자신의 연구활동과 연구 방법을 가리키게 된다.

2) 미셸 푸코, 이규현 옮김, 『말과 사물』, 민음사, 2012, p.526.

3) archive: 고문서나 기록의 의미이나 푸코는 이 용어를 글이 아닌 말(담론)로 된 자료로 본다. 따라서 사료라는 번역어도 푸코의 의도에 잘 들어맞지 않는다. 사료는 역사 연구에 필요한 문헌을 주로 가리키기 때문이다.

4) discours: 상이한 영역들의 언표 집합을 가리킨다. 담론은 속하는 영역이 다르지만 공통의 작동 규칙을 따른다. 물론 언어 규칙을 따른다. 더 나아가 역사적으로 결정된 분할(예컨대 이성/비이성)을 재현한다. 시대마다 '담론의 질서'가 있다. 이것에 따라 특정한 시대의 지식, 전략, 관행이 산출되고 이를 통해 현실의 조직화 기제가 작동한다.

5) 이마누엘 칸트(백종현 옮김), 『순수이성비판 I』, 아카넷, 2006, 해제 IV.

칸트 초월철학의 체계 1.초월적 감성학 및 2.초월적 논리학, pp.35~71 참조. 이 역서에서 초월(적)이라는 형용사는 프랑스어로 transcendental인데, 이 용어는 선험(적)이라는 말로 번역되기도 한다. 칸트 연구자 사이에서도 어느 것이 맞는지 아직 확정되지 않은 듯하다.

6) 선험적 지성 형식은 양·질·관계·양상의 네 가지 범주 각각에 세 가지가 있다. 질(실재성·부정성·제한성), 양(단일성·총체성·다수성), 관계(실체성·인과성·상호성), 양상(가능-불가능·실재-비실재·필연-우연).

7) 프랑스어로는 noèse와 noème이다. 후설의 현상학에서 전자는 사유 행위 자체, 후자는 사유 행위의 대상적 내용을 가리킨다.

8) 퀑탱 메이야수(정지은 옮김), 『유한성 이후 – 우연성의 필연성에 관한 시론』, 도서출판 b, 2010, p.19 참조. "칸트 이전까지 철학의 주된 문제들 가운데 하나가 실체를 사유하는 데 있었던 반면에, 칸트 이래 문제가 되었던 것은 특히 상관관계를 사유하는 것이었다고 말할 수 있다." 칸트 이후로는 무엇이 가장 근원적인 상관관계인가 하는 문제를 중심으로 철학적 사유가 전개된 셈이다. 그런데 푸코는 오로지 언어에만 의거함으로써 이러한 상관관계의 틀을 깨고자 한다.

9) 같은 책, p.20. "의식과 언어는 20세기 상관관계의 주된 두 개 매질이었다."

10) 같은 책, p.23. "후기 하이데거에게서 핵심적인 존재 사건의 개념은 칸트로부터 상속된, 그리고 후설 현상학에 의해 연장된 상관관계의 요청에 충실한 것으로 남는다. […] 존재사건은 인간과 존재의 본질적 결합이며, 이것은 그것들 고유의 존재의 서로 속함에 따른다."

11) 같은 책, p.202. "그러나 오늘날 사람들은 사유 안에서 칸트가 이끈 혁명이 오히려 '프톨레마이오스적 반-혁명'에 비견될 수 있다는 것을 충분히 알고 있다." 그리고 p.205. "과학의 코페르니쿠스적 혁명은 철학의 프톨레마이오스적 반-혁명이다." 이 반-혁명으로 말미암아 오늘날의 사유까지도 '상관주의의 잠'에서 깨어나지 못하고 있다는 것이 이 책의 중심적인 주장이다. 이 상관주의 잠은 칸트가 흄의 영향으로 깨어났다고 하는 '독단론의 잠'과 대비되는 것으로서 푸코가 말한 '인간학의 잠'과 동일한 성격을 띤다.

12) 특히 『인간학』에서 『비판』의 음화』를 보는 것, 『비판』을 "정말로 시간적인 차원에서 되풀이하는 것"을 『인간학』의 교훈으로 끌어내는 것, "인

간이 [세계시민으로서] 세계에 거주하는 것은 본디 언어 안에 체류하는 것"이라고 말하고 있는 것 등에서, 특히 두 번째 사항에서 고고학의 칸트적 유래가 넌지시 드러난다. Kant, *Anthrpologie du point de vue pragmatique & Foucault, Introduction à l'Anthropologie*, Vrin, 2008, p.41, p.58, p.64.

13) Francis Wolff, *Dire le monde*, puf, 1997의 출발점을 이루는 발상이다.

14) 같은 책, p.9.

15) 하나는 P. Rabinow(éd.), *The Foucault Reader*, Pantheon Books, 1984, pp.32~50에 실린 "What is Enlightenment?"이고 다른 하나는 1982년 1월 콜레주드프랑스 강의의 요약본으로 *Magazine littéraire*, no 207, mai 1984, pp.35~39에 발표되었다.

16) Michel Foucault, *Le Courage de la vérité. Le Gouvernement de soi et des autres II* (Cours au Collège de France, 1984), Seuil/Gallimard, 2009.

17) parrhesia: 불이익이나 위험을 감수하면서까지 용감하게 모든 것을 다 말하기를 의미하는 '파레시아'는 일종의 이의제기다. 성노예·성폭력 등 여성들이 당한 여러 가지 피해를 여성들 자신이 폭로하는 행위를 파레시아의 예로 들 수 있다. 또한 허구의 틀은 파레시아의 발화를 용이하게 한다. 이 점에서 예술은 파레시아가 빈번하게 발현될 수 있는 대표적인 분야다.

18) Sapere aude: 원래는 고대 로마의 시인 호라티우스의 서한집에 나오는 구절이다. 칸트가 1784년의 유명한 글 「계몽이란 무엇인가?」에서 계몽의 구호로 제시한다. 칸트에 의하면 계몽은 '미성숙으로부터 나오기'다. 미성숙은 '다른 사람의 지도 없이는 자신의 지성을 사용할 수 없는 무능력'이다. 그러니까 미성숙의 원인은 지성의 결함에 있는 것이 아니라 남의 지도 없이 자신의 지성을 사용할 결의와 용기의 부족에 있다는 것이다. 이 맥락에서 칸트는 '사페레 아우데'를 계몽의 좌우명으로 삼는다.

19) Kant, *Anthrpologie du point de vue pragmatique & Foucault, Introduction à l'Anthropologie*, Vrin, 2008, p.175.

20) Mariapaola Fimiani, *Foucault et Kant. Critique Clinique Éthique* (Traduit de l'italien par Nadine Le Lirzan), L'Harmattan, 1998, p.10. 팔랭프세스트(palimpseste)는 제라르 쥬네트가 자신의 책 제목으로 써서 유명해진 용어로 본래 양피지에서 새로 쓴 글 아래 이전의 글이 비쳐 보이는 현상을 말한다. 영향 관계의 구체적인 증거로 간주된다. 무(無)로부터의 창조란 불가능하다는 점에서 모든 텍스트는 팔랭프세스트라고까지

말할 수 있다.
21) 같은 책, p.136.

IV. 에피스테메 개념의 공간

1) Las Meninas: 프랑스어로는 Les ménine; 스페인 화가 벨라스케스
(1599~1660)의 대표작으로 끊임없는 논란과 다양한 해석의 대상이었
다. 가령 피카소는 이 그림에 영감을 받아 50점이 넘는 모작을 남긴다.

2) 미셸 푸코, 이규현 옮김, 『말과 사물』, 민음사, 2012, p.464

3) 같은 책, p.424

4) resemblance: 푸코에 따르면 닮음은 르네상스 시대의 인식 원리다. 고전주
의 시대에는 재현이 인식의 틀로 작용한다. 이 틀에 따라 고전주의적 지식
이 이를테면 주조되어 나온다.

5) 광경이자 환영 또는 유령임을 나타내는 자크 데리다의 신조어가 있다.
그것은 광경(spectacle)과 환영 또는 유령(spectre)을 합쳐놓은 용어
(spectacle)다. 모든 문화적 기호는 이 범주에 속하는지도 모른다. 이처럼
덧없는 것임에도, 어쩌면 덧없는 것이기 때문에 커다란 힘을 갖고 있는 것
이 아닐까 생각한다. 세계는 신에 의해 마련된 무대니 오늘을 즐겨야 한다
는 '카르페 디엠'(carpe diem)의 바로크적(푸코에 의하면 고전주의적)
세계관도 이와 무관하지 않은 것 같다.

6) Gaston Bachelard(1884~1962): 프랑스의 과학철학자로서 정신분석학자
융의 저작물에서 발상을 얻어 이른바 객관적 인식의 정신분석을 창안한
다. 『불의 정신분석』 이후로는 문학 상상력 쪽으로 경도되어 상상력의 4원
소론을 제시한다.

7) Thomas Samuel Kuhn(1922~1996): 미국의 과학철학자 겸 과학사가(科
學史家)로서 1962년에 나온 『과학 혁명의 구조』로 유명하다. 과학사 연
구에 사회적 요인을 도입한다. 비트겐슈타인의 오리-토끼 그림을 예로 들
면서 사람들이 어떤 시기에는 이 그림에서 오리를 보고 또 어떤 시기에는
토끼로 본다고 주장한다. 이 두 관점 사이의 중립적이거나 객관적인 관점
은 존재하지 않는다는 주장이다.

8) 「문화의 문제. 푸코-프레티 논쟁」(1972), in Dits et écrits, vol.2, texte no
109.

9) Platon, Timée－Critias(Oeuvres complètes tome X), Les Belles Lettres,

1985, p.166~172 참조.

10) 같은 책, p.127, p.166 참조.

11) 같은 책, p.134.

12) 이러한 명칭 변화는 고고학이 계보학으로 대체되는 것과 궤를 같이한다.

13) 에피스테메는 지식의 씨가 선별되고 분류되어 뿌려지고 자라는 장소, 이를테면 지식의 못자리와도 같다. 모코니 모국이니 하는 말에도 이 공간의 의미가 내포되어 있다. 장치도 역시 선별·분류·육성·생산의 장소다. 다만 우범자·변태성욕자 등 대상이 더 인간적이고 현실적이라는 점이 에피스테메와 다르다.

V. 인문과학의 여백과 출구

1) Jorge Luis Borges(1899~1986): 아르헨티나의 작가로서 그의 작품들은 20세기 고전의 반열에 올라 있다. 이른바 마술적 리얼리즘의 대가들 가운데 하나로 인정받고 있는 그에게 문학은 언제나 탈주와 절대의 장소다.

2) 미셸 푸코, 이규현 옮김, 『말과 사물』, p.7.

3) 같은 책, 「서문」 참조.

4) 같은 책, pp.121~125 참조.

5) 같은 책, pp.471~476 참조.

6) Claude Lévi-Strauss, *Anthropologie structurale*, Plon, 1958, p.331~334 참조. 레비스트로스가 무의식적 구조의 개념에 입각하여 집단의 사회-문화 현상에 접근하게 된 데에는 1940년대 미국에서 로만 야콥슨과 만난 것이 중요한 계기로 작용한다. 이 개념의 뿌리는 음운론에 있다. 이에 관해서는 『구조인류학』 제2장 '언어학과 인류학에서의 구조 분석' 참조.

7) 하지만 라캉에 힘입어 이 차이가 일정 부분 해소된다.

VI. 문학 언어의 경험과 탈(脫)근대적 사유

1) Locus Solus: 1914년에 발표된 소설. 이 소설의 제목은 '유일한 장소'라는 뜻의 라틴어다. 주인공의 영지를 가리키지만 궁극적으로 언어의 공간으로 해석될 수 있다.

2) Wikipédia의 Rébus 항목.

3) clinamen: 원자들이 낙하할 때 수직에서 벗어난 정도, 자연 발생적인 편차

또는 기울기를 가리킨다. 원자들의 시공간적으로 미결정인 우연 운동을 일으키는 원인이다. 루크레티우스의 『만물에 관하여』에서 피력되어 있지만 에피쿠로스의 개념이다. 물체의 존재와 인간의 자유가 이 개념으로 설명될 수 있다.

4) Francis Wolff, *Dire le monde*, PUF, 1997, pp.57~81 참조.

5) Paul Ricoeur, *Soi-même comme un autre*, Seuil, 1990, p.176. 문학이 사유의 실험실이라는 점은 이른바 '이야기 정체성'이 본질적으로 문학 작품과 불가분의 관계를 맺고 있다는 명제의 근거가 된다.

VII. 에필로그—안티오이디푸스의 초상

1) 미셸 푸코, 이규현 옮김, 『말과 사물』, p.43.

2) 같은 책, p.429.

참고문헌

메이야수, 퀑탱, 정지은 옮김, 『유한성 이후 ─ 우연성의 필연성에 관한 시론』, 도서출판b, 2010.

바슐라르, 가스통, 김병욱 옮김, 『불의 정신분석』, 이학사, 2007.

──────────, 김용선 옮김, 『부정의 철학』, 인간사랑, 1991.

소포클레스, 강대진 옮김, 『오이디푸스 왕』, 민음사, 2009.

장-조제프 구, 정지은 옮김, 『철학자 오이디푸스』, 도서출판b, 2016.

칸트, 이마누엘, 백종현 옮김, 『순수이성비판 I』, 아카넷, 2006.

쿤, 토머스, 김명자 옮김, 『과학혁명의 구조』, 까치, 2013.

푸코, 미셸, 이규현 옮김, 『말과 사물』, 민음사, 2012.

──────────, 『광기의 역사』, 나남, 2003.

──────────, 오트르망, 심세광·전혜리 옮김, 『담론과 진실 파레시아』, 동녘, 2017.

Bachelard, Gaston, *La Formation de l'esprit scientifique. Contribution à une psychanalyse de la connaissance objective*, Vrin, 1938.

de Certeau, Michel, *Heterologies Discourse on the Other* (Translated by Brian Massumi), University of Minnesota Press, 1986.

Dekens, Olivier, *L'Épaisseur humaine. foucault et l'archéologie de l'homme moderne*, Éditions Kimé, 2000.

Deleuze, G., *Foucalut*, Flammarion, 1991.

Fimiani, Mariapaola, *Foucault et Kant. Critique Clinique Éthique* (Traduit de l'italien par Nadine Le Lirzin), L'Harmattan, 1998.

Michel Foucault philosophe (Rencontre internationale, Paris 9,10,11 janvier 1988), Seuil, 1989.

Foucault, Michel, *Dits et écrits I (1954~1969)*, Gallimard, 1994.

_____, *L'Ordre du discours*, Gallimard, 1971.

_____, *L'Usage des plaisirs*, Gallimard, 1984.

_____, *Le Courage de la vérité. Le gouvernement de soi et des autres II* (cours au Collège de France, 1984), Seuil/Gallimard, 2009.

_____, *Naissance de la clinique. Une archéologie du regard médical*, PUF, 1963.

Foucault, Michel, *Raymond Roussel*, Gallimard, 1963.

Kant, I., *Anthropologie du point du vue pragmatique* (Traduit par M. Foucault) & *Fouccault, Introduction à l'Anthropologie*, Vrin, 2008.

Lévi-Strauss, Claude, *Anthropologie structurale*, Plon, 1958.

Platon, *Timée ~ Critias* (Oeuvres complètes tome X), Les Belles Lettres, 1985.

Revel, Judith, *Foucault, une pensée du discontinu*, Fayard/Mille et une nuits,

2010.

_____, *Le vocabulaire de Foucault*, ellipses, 2009.

Ricoeur, Paul, *Soi-même comme un autre*, Seuil, 1990.

Roussel, Raymon, *Comment j'ai écrit certains de mes livres*, Alphonse Lemerre, 1935.

_____, *Impressions d'Afrique*, Alphonse Lemerre, 1910.

_____, *Locus Solus*, Alphonse Lemerre, 1914.

Sabot, Philippe, *Le Même et l'Ordre Michel Foucault et le savoir à l'âge classique*, ENS Éditions, 2015.

_____, *Lire Les mots et les choses de Michel Foucault*, PUF, 2006.

Wolff, Francis, *Dire le monde*, PUF, 1997.

프랑스엔 〈크세주〉, 일본엔 〈이와나미 문고〉,
한국에는 〈살림지식총서〉가 있습니다.

001 미국의 좌파와 우파 | 이주영
002 미국의 정체성 | 김형인
003 마이너리티 역사 | 손영호
004 두 얼굴을 가진 하나님 | 김형인
005 MD | 정욱식
006 반미 | 김진웅
007 영화로 보는 미국 | 김성곤
008 미국 뒤집어보기 | 장석정
009 미국 문화지도 | 장석정
010 미국 메모랜덤 | 최성일
011 위대한 어머니 여신 | 장영란
012 변신이야기 | 김선자
013 인도신화의 계보 | 류경희
014 축제인류학 | 류정아
015 오리엔탈리즘의 역사 | 정진농
016 이슬람 문화 | 이희수
017 살롱문화 | 서정복
018 추리소설의 세계 | 정규웅
019 애니메이션의 장르와 역사 | 이용배
020 문신의 역사 | 조현설
021 색채의 상징, 색채의 심리 | 박영수
022 인체의 신비 | 이성주
023 생물학무기 | 배우철
024 이 땅에서 우리말로 철학하기 | 이기상
025 궁세는 정말 임호기였나 | 이경재
026 미셸 푸코 | 양운덕
027 포스트모더니즘에 대한 성찰 | 신승환
028 조폭의 계보 | 방성수
029 성스러움과 폭력 | 류성민
030 성상 파괴주의와 성상 옹호주의 | 진형준
031 UFO학 | 성시정
032 최면의 세계 | 설기문
033 천문학 탐구자들 | 이면우
034 블랙홀 | 이충환
035 법의학의 세계 | 이윤성
036 양자 컴퓨터 | 이순칠
037 마피아의 계보 | 안혁
038 헬레니즘 | 윤진
039 유대인 | 정성호
040 M. 엘리아데 | 정진홍
041 한국교회의 역사 | 서정민
042 야훼와 바알 | 김남일
043 캐리커처의 역사 | 박창석
044 한국 액션영화 | 오승욱
045 한국 문예영화 이야기 | 김남석
046 포켓몬 마스터 되기 | 김윤아

047 판타지 | 송태현
048 르 몽드 | 최연구
049 그리스 사유의 기원 | 김재홍
050 영혼론 입문 | 이정우
051 알베르 카뮈 | 유기환
052 프란츠 카프카 | 편영수
053 버지니아 울프 | 김희정
054 재즈 | 최규용
055 뉴에이지 음악 | 양한수
056 중국의 고구려사 왜곡 | 최광식
057 중국의 정체성 | 강준영
058 중국의 문화 코드 | 강진석
059 중국사상의 뿌리 | 장현근
060 화교 | 정성호
061 중국인의 금기 | 장범성
062 무협 | 문현선
063 중국영화 이야기 | 임대근
064 경극 | 송철규
065 중국적 사유의 원형 | 박정근
066 수도원의 역사 | 최형걸
067 현대 신학 이야기 | 박만
068 요가 | 류경희
069 성공학의 역사 | 정해윤
070 진정한 프로는 변화가 즐겁다 | 김학선
071 외국인 직접투자 | 송의달
072 지식의 성장 | 이한구
073 사랑의 철학 | 이정은
074 유교문화와 여성 | 김미영
075 매체 정보란 무엇인가 | 구연상
076 피에르 부르디외와 한국사회 | 홍성민
077 21세기 한국의 문화혁명 | 이정덕
078 사건으로 보는 한국의 정치변동 | 양길현
079 미국을 만든 사상들 | 정경희
080 한반도 시나리오 | 정욱식
081 미국인의 발견 | 우수근
082 미국의 거장들 | 김홍국
083 법으로 보는 미국 | 채동배
084 미국 여성사 | 이창신
085 책과 세계 | 강유원
086 유럽왕실의 탄생 | 김현수
087 박물관의 탄생 | 전진성
088 절대왕정의 탄생 | 임승휘
089 커피 이야기 | 김성윤
090 축구의 문화사 | 이은호
091 세기의 사랑 이야기 | 안재필
092 반연극의 계보와 미학 | 임준서

093 한국의 연출가들 | 김남석
094 동아시아의 공연예술 | 서연호
095 사이코드라마 | 김정일
096 철학으로 보는 문화 | 신응철
097 장 폴 사르트르 | 변광배
098 프랑스 문화와 상상력 | 박기현
099 아브라함의 종교 | 공일주
100 여행 이야기 | 이진홍
101 아테네 | 장영란
102 로마 | 한형곤
103 이스탄불 | 이희수
104 예루살렘 | 최창모
105 상트 페테르부르크 | 방일권
106 하이델베르크 | 곽병휴
107 파리 | 김복래
108 바르샤바 | 최건영
109 부에노스아이레스 | 고부안
110 멕시코 시티 | 정혜주
111 나이로비 | 양철준
112 고대 올림픽의 세계 | 김복희
113 종교와 스포츠 | 이창익
114 그리스 미술 이야기 | 노성두
115 그리스 문명 | 최혜영
116 그리스와 로마 | 김덕수
117 알렉산드로스 | 조현미
118 고대 그리스의 시인들 | 김헌
119 올림픽의 숨은 이야기 | 장원재
120 장르 만화의 세계 | 박인하
121 성공의 길은 내 안에 있다 | 이숙영
122 모든 것을 고객중심으로 바꿔라 | 안상헌
123 중세와 토마스 아퀴나스 | 박경숙
124 우주 개발의 숨은 이야기 | 정홍철
125 나노 | 이영희
126 초끈이론 | 박재모·현승준
127 안토니 가우디 | 손세관
128 프랭크 로이드 라이트 | 서수경
129 프랭크 게리 | 이일형
130 리차드 마이어 | 이성훈
131 안도 다다오 | 임채진
132 색의 유혹 | 오수연
133 고객을 사로잡는 디자인 혁신 | 신언모
134 양주 이야기 | 김준철
135 주역과 운명 | 심의용
136 학계의 금기를 찾아서 | 강성민
137 미·중·일 새로운 패권전략 | 우수근
138 세계지도의 역사와 한반도의 발견 | 김상근
139 신흥하 교수의 독도 이야기 | 신흥하
140 간도는 누구의 땅인가 | 이성환
141 말리노프스키의 문화인류학 | 김용환
142 크리스마스 | 이영제
143 바로크 | 신정아
144 페르시아 문화 | 신규섭
145 패션과 명품 | 이재진
146 프랑켄슈타인 | 장정희

147 뱀파이어 연대기 | 한혜원
148 위대한 힙합 아티스트 | 김정훈
149 살사 | 최명호
150 모던 걸, 여우 목도리를 버려라 | 김주리
151 누가 하이카라 여성을 데리고 사누 | 김미지
152 스위트 홈의 기원 | 백지혜
153 대중적 감수성의 탄생 | 강심호
154 에로 그로 넌센스 | 소래섭
155 소리가 만들어낸 근대의 풍경 | 이승원
156 서울은 어떻게 계획되었는가 | 염복규
157 부엌의 문화사 | 함한희
158 칸트 | 최인숙
159 사람은 왜 인정받고 싶어하나 | 이정은
160 지중해학 | 박상진
161 동북아시아 비핵지대 | 이삼성 외
162 서양 배우의 역사 | 김정수
163 20세기의 위대한 연극인들 | 김미혜
164 영화음악 | 박신영
165 한국독립영화 | 김수남
166 영화와 샤머니즘 | 이종승
167 영화로 보는 불륜의 사회학 | 황혜진
168 J.D. 샐린저와 호밀밭의 파수꾼 | 김성곤
169 허브 이야기 | 조태동·송진희
170 프로레슬링 | 성민수
171 프랑크푸르트 | 이기식
172 바그다드 | 이동은
173 아테네인, 스파르타인 | 윤진
174 정치의 원형을 찾아서 | 최자영
175 소르본 대학 | 서정복
176 테마로 보는 서양미술 | 권용준
177 칼 마르크스 | 박영균
178 허버트 마르쿠제 | 손철성
179 안토니오 그람시 | 김현우
180 안토니오 네그리 | 윤수종
181 박이문의 문학과 철학 이야기 | 박이문
182 상상력과 가스통 바슐라르 | 홍명희
183 인간복제의 시대가 온다 | 김홍재
184 수소 혁명의 시대 | 김미선
185 로봇 이야기 | 김문상
186 일본의 정체성 | 김필동
187 일본의 서양문화 수용사 | 정하미
188 번역과 일본의 근대 | 최경옥
189 전쟁국가 일본 | 이성환
190 한국과 일본 | 하우봉
191 일본 누드 문화사 | 최유경
192 주신구라 | 이준섭
193 일본의 신사 | 박규태
194 미야자키 하야오 | 김윤아
195 애니메이션으로 보는 일본 | 박규태
196 디지털 에듀테인먼트 스토리텔링 | 강심호
197 디지털 애니메이션 스토리텔링 | 배주영
198 디지털 게임의 미학 | 전경란
199 디지털 게임 스토리텔링 | 한혜원
200 한국형 디지털 스토리텔링 | 이인화

201 디지털 게임, 상상력의 새로운 영토 | 이정엽
202 프로이트와 종교 | 권수영
203 영화로 보는 태평양전쟁 | 이동훈
204 소리의 문화사 | 김토일
205 극장의 역사 | 임종엽
206 뮤지엄건축 | 서상우
207 한옥 | 박명덕
208 한국만화사 산책 | 손상익
209 만화 속 백수 이야기 | 김성훈
210 코믹스 만화의 세계 | 박석환
211 북한만화의 이해 | 김성훈·박소현
212 북한 애니메이션 | 이대연·김경임
213 만화로 보는 미국 | 김기홍
214 미생물의 세계 | 이재열
215 빛과 색 | 변종철
216 인공위성 | 장영근
217 문화콘텐츠란 무엇인가 | 최연구
218 고대 근동의 신화와 종교 | 강성열
219 신비주의 | 금인숙
220 십자군, 성전과 약탈의 역사 | 진원숙
221 종교개혁 이야기 | 이성덕
222 자살 | 이진홍
223 성, 그 억압과 진보의 역사 | 윤가현
224 아파트의 문화사 | 박철수
225 권오길 교수가 들려주는 생물의 섹스 이야기 | 권오길
226 동물행동학 | 임신재
227 한국 축구 발전사 | 김성원
228 월드컵의 위대한 전설 | 서준형
229 월드컵의 강국들 | 심재희
230 스포츠 마케팅의 세계 | 박찬혁
231 일본의 이중권력, 쇼군과 천황 | 다카시로 고이치
232 일본의 사소설 | 안영희
233 글로벌 매너 | 박한표
234 성공하는 중국 진출 가이드북 | 우수근
235 20대의 정체성 | 정성호
236 중년의 사회학 | 정성호
237 인권 | 차병직
238 헌법재판 이야기 | 오호택
239 프라하 | 김규진
240 부다페스트 | 김성진
241 보스턴 | 황선희
242 돈황 | 전인초
243 보들레르 | 이건수
244 돈 후안 | 정동섭
245 사르트르 참여문학론 | 변광배
246 문체론 | 이종오
247 올더스 헉슬리 | 김효원
248 탈식민주의에 대한 성찰 | 박종성
249 서양 무기의 역사 | 이내주
250 백화점의 문화사 | 김인호
251 초콜릿 이야기 | 정한진
252 향신료 이야기 | 정한진
253 프랑스 미식 기행 | 심순철
254 음식 이야기 | 윤진아

255 비틀스 | 고영탁
256 현대시와 불교 | 오세영
257 불교의 선악론 | 안옥선
258 질병의 사회사 | 신규환
259 와인의 문화사 | 고형욱
260 와인, 어떻게 즐길까 | 김준철
261 노블레스 오블리주 | 예종석
262 미국인의 탄생 | 김진웅
263 기독교의 교파 | 남병두
264 플로티노스 | 조규홍
265 아우구스티누스 | 박경숙
266 안셀무스 | 김영철
267 중국 종교의 역사 | 박종우
268 인도의 신화와 종교 | 정광흠
269 이라크의 역사 | 공일주
270 르 코르뷔지에 | 이관석
271 김수영, 혹은 시적 양심 | 이은정
272 의학사상사 | 여인석
273 서양의학의 역사 | 이재담
274 몸의 역사 | 강신익
275 인류를 구한 항균제들 | 예병일
276 전쟁의 판도를 바꾼 전염병 | 예병일
277 사상의학 바로 알기 | 장동민
278 조선의 명의들 | 김호
279 한국인의 관계심리학 | 권수영
280 모건의 가족 인류학 | 김용환
281 예수가 상상한 그리스도 | 김호경
282 사르트르와 보부아르의 계약결혼 | 변광배
283 초기 기독교 이야기 | 진원숙
284 동유럽의 민족 분쟁 | 김철민
285 비잔틴제국 | 진원숙
286 오스만제국 | 진원숙
287 별을 보는 사람들 | 조상호
288 한미 FTA 후 직업의 미래 | 김준성
289 구조주의와 그 이후 | 김종우
290 아도르노 | 이종하
291 프랑스 혁명 | 서정복
292 메이지유신 | 장인성
293 문화대혁명 | 백승욱
294 기생 이야기 | 신현규
295 에베레스트 | 김법모
296 빈 | 인성기
297 발트3국 | 서진석
298 아일랜드 | 한일동
299 이케다 하야토 | 권혁기
300 박정희 | 김성진
301 리콴유 | 김성진
302 덩샤오핑 | 박형기
303 마거릿 대처 | 박동운
304 로널드 레이건 | 김형곤
305 셰이크 모하메드 | 최진영
306 유엔사무총장 | 김정태
307 농구의 탄생 | 손대범
308 홍차 이야기 | 정은희

309 인도 불교사 | 김미숙
310 아힌사 | 이정호
311 인도의 경전들 | 이재숙
312 글로벌 리더 | 백형찬
313 탱고 | 배수경
314 미술경매 이야기 | 이규현
315 달마와 그 제자들 | 우봉규
316 화두와 좌선 | 김호귀
317 대학의 역사 | 이광주
318 이슬람의 탄생 | 진원숙
319 DNA분석과 과학수사 | 박기원
320 대통령의 탄생 | 조지형
321 대통령의 퇴임 이후 | 김형곤
322 미국의 대통령 선거 | 윤용희
323 프랑스 대통령 이야기 | 최연구
324 실용주의 | 이유선
325 맥주의 세계 | 원용희
326 SF의 법칙 | 고장원
327 원효 | 김원명
328 베이징 | 조창완
329 상하이 | 김윤희
330 홍콩 | 유영하
331 중화경제의 리더들 | 박형기
332 중국의 엘리트 | 주장환
333 중국의 소수민족 | 정재남
334 중국을 이해하는 9가지 관점 | 우수근
335 고대 페르시아의 역사 | 유흥태
336 이란의 역사 | 유흥태
337 에스파한 | 유흥태
338 번역이란 무엇인가 | 이향
339 해체론 | 조규형
340 자크 라캉 | 김용수
341 하지홍 교수의 개 이야기 | 하지홍
342 다방과 카페, 모던보이의 아지트 | 장유정
343 역사 속의 채식인 | 이광조
344 보수와 진보의 정신분석 | 김용신
345 저작권 | 김기태
346 왜 그 음식은 먹지 않을까 | 정한진
347 플라멩코 | 최명호
348 월트 디즈니 | 김지영
349 빌 게이츠 | 김익현
350 스티브 잡스 | 김상훈
351 잭 웰치 | 하정필
352 워렌 버핏 | 이민주
353 조지 소로스 | 김성진
354 마쓰시타 고노스케 | 권혁기
355 도요타 | 이우광
356 기술의 역사 | 송성수
357 미국의 총기 문화 | 손영호
358 표트르 대제 | 박지배
359 조지 워싱턴 | 김형곤
360 나폴레옹 | 서정복
361 비스마르크 | 김장수
362 모택동 | 김승일

363 러시아의 정체성 | 기연수
364 너는 시방 위험한 로봇이다 | 오온
365 발레리나를 꿈꾼 로봇 | 김선혁
366 로봇 선생님 가라사대 | 안동근
367 로봇 디자인의 숨겨진 규칙 | 구신애
368 로봇을 향한 열정, 일본 애니메이션 | 안병욱
369 도스토예프스키 | 박영은
370 플라톤의 교육 | 장영란
371 대공황 시대 | 양동휴
372 미래를 예측하는 힘 | 최연구
373 꼭 알아야 하는 미래 질병 10가지 | 우정헌
374 과학기술의 개척자들 | 송성수
375 레이첼 카슨과 침묵의 봄 | 김재호
376 좋은 문장 나쁜 문장 | 송준호
377 바울 | 김호경
378 테킬라 이야기 | 최명호
379 어떻게 일본 과학은 노벨상을 탔는가 | 김범성
380 기후변화 이야기 | 이유진
381 상송 | 전금주
382 이슬람 예술 | 전완경
383 페르시아의 종교 | 유흥태
384 삼위일체론 | 유해무
385 이슬람 율법 | 공일주
386 금강경 | 곽철환
387 루이스 칸 | 김낙중·정태용
388 톰 웨이츠 | 신주현
389 위대한 여성 과학자들 | 송성수
390 법원 이야기 | 오호택
391 명예훼손이란 무엇인가 | 안상운
392 사법권의 독립 | 조지형
393 피해자학 강의 | 장규원
394 정보공개란 무엇인가 | 안상운
395 적정기술이란 무엇인가 | 김정태·홍성욱
396 치명적인 금융위기, 왜 유독 대한민국인가 | 오형규
397 지방자치단체, 돈이 새고 있다 | 최인욱
398 스마트 위험사회가 온다 | 민경식
399 한반도 대재난, 대책은 있는가 | 이정직
400 불안사회 대한민국, 복지가 해답인가 | 신광영
401 21세기 대한민국 대외전략 | 김기수
402 보이지 않는 위협, 종북주의 | 류현수
403 우리 헌법 이야기 | 오호택
404 핵심 중국어 간체자(简体字) | 김현정
405 문화생활과 문화주택 | 김용범
406 미래 주거의 대안 | 김세용·이재준
407 개방과 폐쇄의 딜레마, 북한의 이중적 경제 | 남성욱·정유석
408 연극과 영화를 통해 본 북한 사회 | 민병욱
409 먹기 위한 개방, 살기 위한 핵외교 | 김계동
410 북한 정권 붕괴 가능성과 대비 | 전경주
411 북한을 움직이는 힘, 군부의 패권경쟁 | 이영훈
412 인민의 천국에서 벌어지는 인권유린 | 허만호
413 성공을 이끄는 마케팅 법칙 | 추성엽
414 커피로 알아보는 마케팅 베이직 | 김민주
415 쓰나미의 과학 | 이호준
416 20세기를 빛낸 극작가 20인 | 백승무

417 20세기의 위대한 지휘자 | 김문경
418 20세기의 위대한 피아니스트 | 노태헌
419 뮤지컬의 이해 | 이동섭
420 위대한 도서관 건축 순례 | 최정태
421 아름다운 도서관 오디세이 | 최정태
422 롤링 스톤즈 | 김기범
423 서양 건축과 실내 디자인의 역사 | 천진희
424 서양 가구의 역사 | 공혜원
425 비주얼 머천다이징&디스플레이 디자인 | 강희수
426 호감의 법칙 | 김경호
427 시대의 지성 노암 촘스키 | 임기대
428 역사로 본 중국음식 | 신계숙
429 일본요리의 역사 | 박병학
430 한국의 음식문화 | 도현신
431 프랑스 음식문화 | 민혜련
432 중국차 이야기 | 조은아
433 디저트 이야기 | 안호기
434 치즈 이야기 | 박승용
435 면(麵) 이야기 | 김한송
436 막걸리 이야기 | 정은숙
437 알렉산드리아 비블리오테카 | 남태우
438 개헌 이야기 | 오호택
439 전통 명품의 보고, 규장각 | 신병주
440 에로스의 예술, 발레 | 김도윤
441 소크라테스를 일라 | 장영란
442 소프트웨어가 세상을 지배한다 | 김재호
443 국제난민 이야기 | 김철민
444 셰익스피어 그리고 인간 | 김도윤
445 명상이 경쟁력이다 | 김필수
446 갈매나무의 시인 백석 | 이숭원
447 브랜드를 알면 자동차가 보인다 | 김흥식
448 파이온에서 힉스 입자까지 | 이강영
449 알고 쓰는 화장품 | 구희연
450 희망이 된 인문학 | 김호연
451 한국예술의 큰 별 동랑 유치진 | 백형찬
452 경허와 그 제자들 | 우봉규
453 논어 | 윤홍식
454 장자 | 이기동
455 맹자 | 장현근
456 관자 | 신창호
457 순자 | 윤무학
458 미사일 이야기 | 박준복
459 사주(四柱) 이야기 | 이지형
460 영화로 보는 로큰롤 | 김기범
461 비타민 이야기 | 김정환
462 장군 이순신 | 도현신
463 전쟁의 심리학 | 이윤규
464 미국의 장군들 | 여영무
465 첨단무기의 세계 | 양낙규
466 한국무기의 역사 | 이내주
467 노자 | 임헌규
468 한비자 | 윤찬원
469 묵자 | 박문현
470 나는 누구인가 | 김용신

471 논리적 글쓰기 | 여세주
472 디지털 시대의 글쓰기 | 이강룡
473 NLL을 말하다 | 이상철
474 뇌의 비밀 | 서유헌
475 버트런드 러셀 | 박병철
476 에드문트 후설 | 박인철
477 공간 해석의 지혜, 풍수 | 이지형
478 이야기 동양철학사 | 강성률
479 이야기 서양철학사 | 강성률
480 독일 계몽주의 유학적 기초 | 전홍석
481 우리말 한자 바로쓰기 | 안광희
482 유머의 기술 | 이상훈
483 관상 | 이태룡
484 가상학 | 이태룡
485 역경 | 이태룡
486 대한민국 대통령들의 한국경제 이야기 1 | 이장규
487 대한민국 대통령들의 한국경제 이야기 2 | 이장규
488 별자리 이야기 | 이형철 외
489 셜록 홈즈 | 김재성
490 역사를 움직인 중국 여성들 | 이양자
491 중국 고전 이야기 | 문승용
492 발효 이야기 | 이미란
493 이승만 평전 | 이주영
494 미군정시대 이야기 | 차상철
495 한국전쟁사 | 이희진
496 정전협정 | 조성훈
497 북한 대남 침투도발사 | 이윤규
498 수상 | 이태룡
499 성명학 | 이태룡
500 결혼 | 남정욱
501 광고로 보는 근대문화사 | 김병희
502 시조의 이해 | 임형선
503 일본인은 왜 속마음을 말하지 않을까 | 임영철
504 내 사랑 아다지오 | 양태조
505 수프림 오페라 | 김도윤
506 바그너의 이해 | 서정원
507 원자력 이야기 | 이정익
508 이스라엘과 창조경제 | 정성호
509 한국 사회 빈부의식은 어떻게 변했는가 | 김용신
510 요하문명과 한반도 | 우실하
511 고조선왕조실록 | 이희진
512 고구려왕조실록 1 | 이희진
513 고구려왕조실록 2 | 이희진
514 백제왕조실록 1 | 이희진
515 백제왕조실록 2 | 이희진
516 신라왕조실록 1 | 이희진
517 신라왕조실록 2 | 이희진
518 신라왕조실록 3 | 이희진
519 가야왕조실록 | 이희진
520 발해왕조실록 | 구난희
521 고려왕조실록 1 (근간)
522 고려왕조실록 2 (근간)
523 조선왕조실록 1 | 이성무
524 조선왕조실록 2 | 이성무

525 조선왕조실록 3 | 이성무
526 조선왕조실록 4 | 이성무
527 조선왕조실록 5 | 이성무
528 조선왕조실록 6 | 편집부
529 정한론 | 이기용
530 청일전쟁 (근간)
531 러일전쟁 (근간)
532 이슬람 전쟁사 | 진원숙
533 소주이야기 | 이지형
534 북한 남침 이후 3일간, 이승만 대통령의 행적 | 남정옥
535 제주 신화 1 | 이석범
536 제주 신화 2 | 이석범
537 제주 전설 1 | 이석범
538 제주 전설 2 | 이석범
539 제주 전설 3 | 이석범
540 제주 전설 4 | 이석범
541 제주 전설 5 | 이석범
542 제주 민담 | 이석범
543 서양의 명장 | 박기련
544 동양의 명장 | 박기련
545 루소, 교육을 말하다 | 고봉만·황성원
546 철학으로 본 앙트러프러너십 | 전인수
547 예술과 앙트러프러너십 | 조명계
548 문화마케팅 (근간)
549 비즈니스상상력 | 전인수
550 개념설계의 시대 | 전인수
551 미국 독립전쟁 | 김형곤
552 미국 남북전쟁 | 김형곤
553 초기불교 이야기 | 곽철환
554 한국가톨릭의 역사 | 서정민
555 시아 이슬람 | 유흥태
556 스토리텔링에서 스토리두잉으로 | 윤주
557 백세시대의 지혜 | 신현동
558 구보 씨가 살아온 한국 사회 | 김병희
559 정부광고로 보는 일상생활사 | 김병희
560 정부광고의 국민계몽 캠페인 | 김병희
561 도시재생 이야기 | 윤주
562 한국의 핵무장 | 김재엽
563 고구려 비문의 비밀 | 정호섭
564 비슷하면서도 다른 한중문화 | 장범성
565 급변하는 현대 중국의 일상 | 장시·리우린, 장범성
566 중국의 한국 유학생들 | 왕링원·장범성
567 밥딜런 그의 나라에는 누가 사는가 | 오민석
568 언론으로 본 정부정책의 변천 | 김병희
569 전통과 보수의 나라 영국 1-영국 역사 | 한일동
570 전통과 보수의 나라 영국 2-영국 문화 | 한일동
571 전통과 보수의 나라 영국 3-영국 현대 | 김언조
572 제1차 세계대전 | 윤형호
573 제2차 세계대전 | 윤형호
574 라벨로 보는 프랑스 포도주의 이해 | 전경준
575 미셸 푸코, 말과 사물 | 이규현
576 프로이트, 꿈의 해석 | 김석 (근간)
577 왜 5왕 | 홍성화
578 소가씨 4대 | 나행주
579 미나모토노 요리토모 | 남기학
580 도요토미 히데요시 | 이계황
581 요시다 쇼인 | 이희복
582 시부사와 에이이치 | 양의모
583 이토 히로부미 | 방광석
584 메이지 천황 | 박진우
585 하라 다카시 | 김영숙
586 히라쓰카 라이초 | 정애영
587 고노에 후미마로 | 김봉식

미셸 푸코, 말과 사물

지식의 풍경과 언어의 검은 태양

펴낸날	초판 1쇄 2019년 7월 10일

지은이	이규현
펴낸이	심만수
펴낸곳	(주)살림출판사
출판등록	1989년 11월 1일 제9-210호

주소	경기도 파주시 광인사길 30
전화	031-955-1350, 031-913-1350
팩스	031-624-1356
홈페이지	http://www.sallimbooks.com
이메일	book@sallimbooks.com

ISBN	978-89-522-4080-4 04080
	978-89-522-0096-9 04080 (세트)

※ 값은 뒤표지에 있습니다.
※ 잘못 만들어진 책은 구입하신 서점에서 바꾸어 드립니다.

책임편집·교정교열 **이상준**

026 미셸 푸코　eBook

양운덕(고려대 철학연구소 연구교수)

더 이상 우리에게 낯설지 않지만, 그렇다고 손쉽게 다가가기엔 부
담스러운 푸코라는 철학자를 '권력'이라는 열쇠를 가지고 우리에
게 열어 보여 주는 책. 권력은 어떻게 작용하는가에서 논의를 시작
하여 관계망 속에서의 권력과 창조적 · 생산적 · 긍정적인 힘으로
서의 권력을 이야기해 준다.

027 포스트모더니즘에 대한 성찰　eBook

신승환(가톨릭대 철학과 교수)

포스트모더니즘의 역사와 논의를 차분히 성찰하고, 더 나아가 서
구의 근대를 수용하고 변용시킨 우리의 탈근대가 어떠한 맥락에
서 이해되는지를 밝힌 책. 저자는 오늘날 포스트모더니즘으로 대
변되는 탈근대적 문화와 철학운동은 보편주의와 중심주의, 전체
주의와 이성 중심주의에 대한 거부이며, 지금은 이 유행성의 뿌리
를 성찰해 볼 때라고 주장한다.

202 프로이트와 종교　eBook

권수영(연세대 기독상담센터 소장)

프로이트는 20세기를 대표할 만한 사상가이지만, 여전히 적지 않
은 논란과 의심의 눈초리를 받고 있다. 게다가 신에 대한 믿음을
빼앗아버렸다며 종교인들은 프로이트를 용서하지 않을 기세이다.
기독교 신학자인 저자는 이 책을 통해 종교인들에게 프로이트가
여전히 유효하며, 그를 통하여 신앙이 더 건강해질 수 있다는 점을
보여 주려 한다.

427 시대의 지성 노암 촘스키　eBook

임기대(배재대 연구교수)

저자는 노암 촘스키를 평가함에 있어 언어학자와 진보 지식인 중
어느 한 쪽의 면모만을 따로 떼어 이야기하는 것은 불합리하다고
말한다. 이 책에서는 촘스키의 가장 핵심적인 언어이론과 그의 정
치비평 중 주목할 만한 대목들이 함께 논의된다. 저자는 촘스키 이
론과 사상의 본질에 다가가기 위한 이러한 시도가 나아가 서구 사
상을 받아들이는 우리의 자세와도 연결된다고 믿고 있다.

024 이 땅에서 우리말로 철학하기

이기상(한국외대 철학과 교수)

우리말을 가지고 우리의 사유를 펼치고 있는 이기상 교수의 새로운 사유 제안서. 일상과 학문, 실천과 이론이 분리되어 있는 '궁핍의 시대'에 사는 우리에게 생활세계를 서양학문의 식민지화로부터 해방시키고, 서양이론의 중독으로부터 벗어나야 한다고 역설한다. 저자는 인간 중심에서 생명 중심으로의 변환과 관계론적인 세계관을 담고 있는 '사이 존재'를 제안한다.

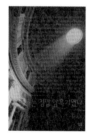

025 중세는 정말 암흑기였나　eBook

이경재(백석대 기독교철학과 교수)

중세에 대한 친절한 입문서. 신과 인간에 대한 중세인의 의식을 다루고 있는 이 책은 어떻게 중세가 암흑시대라는 일반적인 인식을 가지게 되었는지에 대한 물음을 추적한다. 중세는 비합리적인 세계인가, 중세인의 신앙과 이성은 어떠한 관계를 갖고 있는가 등에 대한 논의를 하고 있다.

065 중국적 사유의 원형　eBook

박정근(한국외대 철학과 교수)

중국 사상의 두 뿌리인 『주역』과 『중용』을 철학적 관점에서 접근한다. '산다는 것은 무엇인가?'라는 근원적 질문으로부터 자생한 큰 흐름이 유가와 도가인데, 이 두 사유의 흐름을 거슬러 올라가다 보면 그 둘이 하나로 합쳐지는 원류를 만나게 된다. 저자는 『주역』과 『중용』에 담겨 있는 지혜야말로 중국인의 사유세계를 지배하는 원류라고 말한다.

076 피에르 부르디외와 한국사회　eBook

홍성민(동아대 정치외교학과 교수)

부르디외의 삶과 저작들을 통해 그의 사상을 쉽게 소개해 주고 이를 통해 한국사회의 변화를 호소하는 책. 저자는 부르디외가 인간의 행동이 엄격한 합리성과 계산을 근거로 행해지기보다는 일정한 기억과 습관, 그리고 사회적 전통에 영향을 받는다는 사실로부터 시작한다는 점을 강조한다.

096 철학으로 보는 문화

eBook

신응철(숭실대 인문과학연구소 연구교수)

문화와 문화철학 연구에 관심 있는 사람을 위한 길라잡이로 구상된 책. 비교적 최근에 분과학문으로 등장하기 시작한 문화철학의 논의에 반드시 들어가야 할 요소를 선택하여 제시하고, 그 핵심 내용을 제공한다. 칸트, 카시러, 반 퍼슨, 에드워드 홀, 에드워드 사이드, 새무얼 헌팅턴, 수전 손택 등의 철학자들의 문화론이 소개된다.

097 장 폴 사르트르

eBook

변광배(프랑스인문학연구모임 '시지프' 대표)

'타자'는 현대 사상에 있어 가장 중요한 개념 중 하나이다. 근대가 '자아'에 주목했다면 현대, 즉 탈근대는 '자아'의 소멸 혹은 자아의 허구성을 발견함으로써 오히려 '타자'에 관심을 갖게 되었다. 그리고 타자이론의 중심에는 사르트르가 있다. 사르트르의 시선과 타자론을 중점적으로 소개한 책.

135 주역과 운명

eBook

심의용(숭실대 강사)

주역에 대한 해설을 통해 사람들의 우환과 근심, 삶과 운명에 대한 우리의 자세를 말해 주는 책. 저자는 난해한 철학적 분석이나 독해의 문제로 우리를 데리고 가는 것이 아니라 공자, 백이, 안연, 자로, 한신 등 중국의 여러 사상가들의 사례를 통해 우리네 삶을 반추하는 방식을 취한다.

450 희망이 된 인문학

eBook

김호연(한양대 기초·융합교육원 교수)

삶 속에서 배우는 앎이야말로 인간의 운명을 바꿀 수 있는 기회를 준다. 그래서 삶이 곧 앎이고, 앎이 곧 삶이 되는 공부를 하는 것이 무엇보다 중요하다. 저자는 인문학이야말로 앎과 삶이 결합된 공부를 도울 수 있고, 모든 이들이 이 공부를 할 수 있어야 한다고 믿는다. 특히 '관계와 소통'에 초점을 맞춘 인문학의 실용적 가치, '인문학교'를 통한 실제 실천사례가 눈길을 끈다.

eBook 표시가 되어있는 도서는 전자책으로 구매가 가능합니다.

024 이 땅에서 우리말로 철학하기 | 이기상

025 중세는 정말 암흑기였나 | 이경재 eBook

026 미셸 푸코 | 양운덕 eBook

027 포스트모더니즘에 대한 성찰 | 신승환 eBook

049 그리스 사유의 기원 | 김재홍 eBook

050 영혼론 입문 | 이정우

059 중국사상의 뿌리 | 장현근 eBook

065 중국적 사유의 원형 | 박정근 eBook

072 지식의 성장 | 이한구 eBook

073 사랑의 철학 | 이정은 eBook

074 유교문화와 여성 | 김미영 eBook

075 매체 정보란 무엇인가 | 구연상 eBook

076 피에르 부르디외와 한국사회 | 홍성민 eBook

096 철학으로 보는 문화 | 신응철 eBook

097 장 폴 사르트르 | 변광배 eBook

123 중세와 토마스 아퀴나스 | 박경숙 eBook

135 주역과 운명 | 심의용 eBook

158 칸트 | 최인숙 eBook

159 사람은 왜 인정받고 싶어하나 | 이정은 eBook

177 칼 마르크스 | 박영균

178 허버트 마르쿠제 | 손철성 eBook

179 안토니오 그람시 | 김현우

180 안토니오 네그리 | 윤수종 eBook

181 박이문의 문학과 철학 이야기 | 박이문

182 상상력과 가스통 바슐라르 | 홍명희 eBook

202 프로이트와 종교 | 권수영 eBook

289 구조주의와 그 이후 | 김종우 eBook

290 아도르노 | 이종하 eBook

324 실용주의 | 이유선

339 해체론 | 조규형

340 자크 라캉 | 김용수

370 플라톤의 교육 | 장영란 eBook

427 시대의 지성 노암 촘스키 | 임기대 eBook

441 소크라테스를 알라 | 장영란 eBook

450 희망이 된 인문학 | 김호연 eBook

453 논어 | 윤홍식 eBook

454 장자 | 이기동 eBook

455 맹자 | 장현근 eBook

456 관자 | 신창호 eBook

457 순자 | 윤무학 eBook

459 사주(四柱) 이야기 | 이지형 eBook

467 노자 | 임헌규 eBook

468 한비자 | 윤찬원 eBook

469 묵자 | 박문현 eBook

(주)살림출판사

www.sallimbooks.com

주소 경기도 파주시 문발동 522-1 | 전화 031-955-1350 | 팩스 031-955-1355